UNE SOLUTION POUR LUTTER CONTRE LES VIOLENCES BASÉES SUR LE GENRE

Définir – Prévenir – Agir

Par **Aïchatou BOUAKOU MANDELLO**
Pour le compte de l'ONG Autel de la Restauration

Édité et mis en page par les Éditions Autel de la restauration

E-mail : contacteditionsAR@gmail.com

Contact

Présidente de l'ONG Autel de la restauration

gabybopaka@gmail.com

00 242 06 739 77 02 / 00 242 06 871 73 73

Meta : Aïchatou Djibrilia BOUAKOU MANDELLO

TABLE DE MATIÈRES

Remerciements 9

PARTIE 1 : Introduction à la VBG.. 11

I.Présentation de l'ONG Autel de la Restauration 13

II.Qu'entend-t-on par violence basée sur le genre et qu'est ce que cela implique ? 19

III.Le rôle de la masculinité positive dans la lutte contre les violences basées sur le genre 147

IV.Le rôle de la famille dans la lutte contre les violences basées sur le genre 161

V.Le rôle du gouvernement dans la lutte contre les violences basées sur le genre.. 165

VI.Le rôle de l'église dans la lutte contre les violences basées sur le genre 169

VII.Le rôle de la société civile dans la lutte contre les violences basées sur le genre.. 173

VIII.Prévenir les violences basées sur le genre 177

PARTIE 2 : ÉYANO 183

IX.Contexte 185

X.Description et justification 191

XI.Violence basée sur le genre : formes et types (de manière globale) 195

XII.De quelle manière ÉYANO s'inscrit-il dans les politiques nationales, régionales et internationales en matière d'égalité femmes-hommes ? 201

XIII.Présentation d'ÉYANO 209

XIV.Objectifs.. 211

XV.Résultats attendus 213

XVI.Activités prévues...217

ANNEXE I : Glossaire 225

ANNEXE II : Formes/types courants de violence basée sur le genre 233

ANNEXE III : Facteurs favorisant la violence basée sur le genre 241

ANNEXE IV : Acronymes...245

De la même auteure

Le puzzle de la restauration tome 1, *non-fiction,*
Les éditions autel de la restauration, 2021

Le manuel du célibataire à marier, *non-fiction,*
Les éditions autel de la restauration, 2021

30 occasions de parler avec le Père, *journal de prières,*
Les éditions autel de la restauration, 2022

Le puzzle de la restauration tome 2, *non-fiction,*
Les éditions autel de la restauration, 2022

Femme, revêt ta couronne, *non-fiction,*
Les éditions autel de la restauration, 2023

REMERCIEMENTS

Au Saint-Esprit, qui me donne de déployer mon plein potentiel,

À mon époux, Émygèle BOUAKOU MANDELLO, qui m'a été d'une grande aide, dans les recherches qui m'ont permis de réaliser cette étude qui a abouti à cette œuvre,

À mes adorables enfants, pour l'amour, la joie, la force qu'ils m'apportent,

À ma sœur aînée Imelda MONDZO, qui m'a toujours été d'un grand soutien, et qui ne lésine pas sur les moyens pour me tirer vers le haut.

PARTIE 1 :
INTRODUCTION À LA VBG

I. Présentation de l'ONG AUTEL DE LA RESTAURATION

L'ONG Autel de la Restauration est une organisation à but non lucratif et apolitique, née de l'histoire atypique de sa Cofondatrice qui pendant son enfance, subit des violences sexuelles dès l'âge de 4 ans jusqu'à 11 ans. Ce n'est que lorsqu'elle à compris la source de tous ses maux, qu'elle entreprit le processus de sa guérison. De cette guérison est née un livre "Le puzzle de la restauration". Un livre qui relate son calvaire infantile, les erreurs engendrées par ses blessures intérieures, sa prise de conscience, sa résilience, le pardon, l'amour, etc. À présent guérie et restaurée, elle prit l'initiative de créer une organisation non gouvernementale, afin d'aider d'autres personnes en souffrance à surmonter leurs peurs et guérir de leurs blessures intérieures.

Les victimes, trop souvent réduites au silence, apeurées, incomprises et exclues, perdent leurs repères et décident d'enfouir au tréfonds de leurs âmes, ces évènements dont elles sont pourtant victimes ; car malheureusement dans la plupart des cas, la société transforme leur innocence en crime, pour avoir dénoncé ces abus jugés tabous, pour leur caractère sensible.

Nos objectifs

a) Objectif global:

Œuvrer à l'autonomisation émotionnelle et psychologique, puis celle professionnelle et économique, des victimes de violences basées sur le genre.

b) Objectifs spécifiques :

- Suivre et accompagner les victimes de violences basées sur le genre.
- Sensibiliser la société sur le danger que représentent les blessures intérieures engendrées par les violences basées sur le genre, tant qu'elles ne sont pas traitées ;
- Œuvrer aux réinsertions sociale et professionnelle des victimes de violences basées sur le genre, pour leurs autonomisations psychologique, émotionnelle, professionnelle et économique ;
- Promouvoir l'artisanat et l'entrepreneuriat féminin, pour l'autonomisation et l'épanouissement des filles et femmes victimes de violences basées sur le genre.

Les éditions autel de la restauration

L'ONG Autel de la Restauration, c'est aussi une Maison d'Édition Associative. Après avoir personnellement connu des difficultés lors de la rédaction et de la publication de son premier ouvrage « Le puzzle de la restauration tome 1 : guérir des blessures de l'âme pour jouir pleinement de sa destinée», l'auteure Aïchatou BOUAKOU MANDELLO, cofondatrice de l'ONG Autel de la Restauration, prit l'initiative d'accompagner tous ceux qui ont soif d'écriture, dans le processus de création de leurs œuvres littéraires.

Écrire un livre requiert beaucoup de persévérances, la publication étant aussi un parcours de combattant, les auteurs multiplient les rendez-vous sans réussir à convaincre un éditeur.

Entre ceux qui hésitent à se lancer et ceux qui ont du talent et ont déjà écrit, mais dont les manuscrits ne sont pas acceptés pour la différence de leur style d'écriture ou pour toutes autres raisons (la liste est non exhaustive), il y a un réel besoin dans ce domaine, une demande qui va en s'accroissant.

Les Éditions Autel de la restauration, donnent ainsi une chance à ces différentes catégories précitées et celles non susmentionnées, de réaliser leurs rêves, de la manière la plus simple possible et dans les plus brefs délais. Les bénéfices des Éditions Autel de la restauration, servent à la matérialisation des projets de l'ONG Autel de la Restauration, en faveur des enfants et des femmes victimes de violences physiques, émotionnelles, verbales, psychologiques, conjugales, économiques et sexuelles.

La Conférence Femme Revêt ta Couronne (COFEREC)

La Conférence Femme Revêt ta Couronne (COFEREC), est une conférence initiée par la Présidente de l'ONG

Autel de la Restauration, Madame Aïchatou BOUAKOU MANDELLO, pour la guérison des blessures intérieures et la restauration de l'âme, siège des émotions, des sentiments et de la personnalité de l'être humain.

Revêtir sa couronne, peut être traduit par endosser son rôle, s'approprier sa destinée, prendre ses responsabilités. Nous interpellons la femme sur la nécessité, sinon l'urgence de reprendre sa vie en main, après avoir subi la trahison, le rejet, l'abandon, l'humiliation et l'injustice.

Cette édition a pour thème : « Comprendre son passé, pour rectifier son présent et préparer efficacement son futur, en devenant une solution.» La COFEREC s'appuie essentiellement sur la guérison des blessures intérieures causées par les violences psychologiques, sexuelles, émotionnelles, verbales, économiques et conjugales.

En mars 2022, la première édition de la Conférence Femme Revêt ta Couronne (COFEREC), permit d'identifier plusieurs personnes (hommes/femmes) qui y étaient arrivés désemparés et brisés de l'intérieur, dépourvus de soutien moral et qui virent en cette conférence, une lueur d'espoir. Il nous fallut donc au sortir de ladite conférence, trouver une solution pour pouvoir venir en aide à toutes ces personnes, et travailler à leur développement personnel, afin de les libérer de ce passé qui les hantaient.

C'est ainsi que nous mîmes en place depuis lors, un espace sûr dénommé : « À CŒUR OUVERT », ouvert à tout public, les dimanches de 15h 00 à 18 heures 00, où chacun vient libérer sa parole, et faire la paix avec son passé, afin de mieux se reconstruire, en espérant leur redonner de l'espoir et de la force, pour ne pas qu'ils sombrent dans la dépression ou toute autre calamité, souffrance physique ou psychologique.

Nous travaillons en collaboration avec les professionnels de la santé mentale, afin d'aider les victimes à comprendre leurs histoires, les sources de certains dysfonctionnements comportementaux causés par des évènements dans leur enfance, et les accompagnons dans leur processus de guérison et de restauration. À CŒUR OUVERT réunit les personnes soucieuses d'apporter un vent nouveau d'espoir, de reconstruction, de guérison, de restauration et d'épanouissement, dans le but de rassurer, consoler et accompagner les victimes ayant subi ces traumatismes, peinant malheureusement à s'épanouir dans différents domaines de leurs vies, afin qu'à leurs tours, elles jouissent pleinement de leurs destinées et deviennent actrices de chacune des facettes de leurs vies.

II.   Qu'entend-t-on par violence basée sur le genre, et qu'implique-t-elle

Les violences basées sur le genre sont des formes de violence qui sont motivées par des préjugés et des stéréotypes liés au genre. Elles peuvent être dirigées contre des personnes en raison de leur identité de genre, de leur expression de genre ou de leur orientation sexuelle. Les violences basées sur le genre peuvent prendre différentes formes, notamment la violence physique, la violence psychologique, la violence sexuelle, la violence émotionnelle, la violence verbale, la violence économique et la violence institutionnelle.

1- La violence physique :

La violence physique est l'utilisation de la force physique pour infliger des dommages ou des blessures à une personne ou à un groupe de personnes. Cela peut inclure des coups de poing, des coups de pied, des coups de bâton, des coups de couteau, des coups de feu, des agressions sexuelles, des actes de torture et d'autres formes de violence physique. La violence physique peut causer des douleurs physiques, des blessures et même la mort.

Les causes de la violence physique sont complexes et peuvent être liées à des facteurs tels que la pauvreté, la discrimination, l'isolement social, les problèmes de santé mentale, les conflits familiaux, les traumatismes et les pressions socio-économiques. Les personnes qui ont été victimes de violence physique peuvent également être plus susceptibles de devenir elles-mêmes violentes, ce qui peut contribuer à la propagation de la violence.

La violence physique peut avoir des conséquences graves pour les victimes, notamment des blessures physiques, des problèmes de santé mentale, des problèmes de confiance en soi, des problèmes de relations interpersonnelles et des problèmes professionnels. Les personnes qui ont subi des violences physiques peuvent également présenter des symptômes de stress post-traumatique, qui peuvent affecter leur capacité à fonctionner dans leur vie quotidienne.

Il existe plusieurs façons de prévenir la violence physique et de protéger les victimes de cette forme de violence. Les gouvernements peuvent adopter des lois pour punir les auteurs de violences physiques et pour protéger les victimes. Les organisations non gouvernementales peuvent fournir un soutien aux victimes, notamment des services de conseil, des soins de santé et des refuges.

Il est important de souligner que la violence physique ne doit jamais être tolérée. Les victimes de violence physique doivent être traitées avec respect et compassion, et les auteurs de violence doivent être tenus responsables de leurs actes. La violence physique est une violation des droits fondamentaux de l'homme et ne devrait jamais être justifiée ou acceptée.

L'une des formes les plus courantes de violence physique est la violence domestique. La violence domestique est définie comme toute forme de violence physique, psychologique ou sexuelle qui se produit dans le cadre de relations intimes ou familiales. Cela peut inclure des coups, des brûlures, des strangulations, des violences sexuelles et des abus psychologiques.

Les femmes sont particulièrement vulnérables à la violence domestique, qui peut être perpétrée par un partenaire intime, un conjoint ou un membre de la famille. Les enfants peuvent également être victimes de violence domestique, souvent en tant que témoins de la violence entre leurs parents.

La prévention de la violence domestique nécessite une approche multidisciplinaire qui implique les gouvernements, les organisations non gouvernementales, les professionnels de la santé et les communautés locales. Les gouvernements peuvent adopter des lois pour protéger les victimes de violence domestique et pour punir les auteurs de violence. Les organisations non gouvernementales peuvent fournir des services de soutien aux victimes, tels que des refuges, des lignes d'assistance téléphonique et des services de conseil. Les professionnels de la santé peuvent aider à identifier les signes de violence domestique et à orienter les victimes vers des services de soutien appropriés. Les communautés locales peuvent également jouer un rôle important en sensibilisant à la violence domestique et en offrant un soutien aux victimes.

Outre la violence domestique, il existe de nombreuses autres formes de violence physique, notamment la violence sexuelle, la violence liée aux gangs, la violence politique et la violence liée à la guerre. La violence sexuelle comprend le viol, l'agression sexuelle et le harcèlement sexuel. Les victimes de violence sexuelle peuvent subir des traumatismes psychologiques et physiques à long terme, qui peuvent affecter leur santé mentale et leur bien-être.

La violence liée aux gangs est souvent associée à des activités criminelles telles que le trafic de drogue, le vol et le racket. Les gangs peuvent utiliser la violence physique pour intimider les membres de la communauté et renforcer leur pouvoir.

La violence politique peut prendre de nombreuses formes, notamment l'assassinat, les enlèvements et les actes de terrorisme. La violence politique peut être motivée par des idéologies extrémistes, des conflits ethniques ou religieux, ou des revendications territoriales.

La violence liée à la guerre est souvent associée à des conflits armés entre États ou à des guerres civiles. La violence liée à la guerre peut causer des pertes en vies humaines, des déplacements forcés de population, ainsi que des traumatismes physiques et psychologiques à long terme.

Il est important de souligner que la violence physique n'est pas une solution efficace aux problèmes. La violence physique ne résout pas les conflits, mais les aggrave souvent. Il est donc essentiel de rechercher des moyens pacifiques de résoudre les différends et les conflits.

En conclusion, la violence physique est une forme de violence qui peut avoir des conséquences graves pour les victimes et pour la société dans son ensemble. Il est essentiel de prévenir la violence physique en adoptant une approche multidisciplinaire qui implique les gouvernements, les organisations non gouvernementales, les professionnels de la santé et les communautés locales. Il est également important de condamner fermement la violence physique et de rechercher des moyens pacifiques de résoudre les conflits.

a) Les facteurs favorisant la violence physique :

L a violence physique est un comportement agressif qui implique l'utilisation de la force physique pour causer des dommages ou des blessures à autrui. Elle peut être motivée par divers facteurs tels que la colère, la frustration, la jalousie, la peur, la vengeance ou la domination. Les facteurs qui favorisent la violence physique sont nombreux et peuvent être classés en plusieurs catégories.

Facteurs individuels : Les facteurs individuels sont liés aux caractéristiques personnelles de l'agresseur. Ceux-ci incluent :

- **Les troubles de la personnalité :** Les individus atteints de troubles de la personnalité tels que le trouble de la personnalité antisociale, le trouble borderline de la personnalité ou le trouble de la personnalité narcissique, sont plus susceptibles d'utiliser la violence physique pour résoudre les problèmes ou exprimer leur colère.

- **Les antécédents de violence :** Les individus ayant des antécédents de violence, qu'ils aient été victimes ou auteurs de violence, sont plus susceptibles de recourir à la violence physique.

- **Les problèmes de santé mentale :** Les individus souffrant de problèmes de santé mentale tels que la schizophrénie, la dépression ou le trouble bipolaire peuvent avoir des épisodes de violence physique.

- **La consommation d'alcool ou de drogues :** La consommation excessive d'alcool ou de drogues peut altérer le jugement et augmenter l'agressivité, ce qui peut conduire à la violence physique.

Facteurs familiaux : Les facteurs familiaux sont liés à l'environnement familial de l'individu. Ceux-ci incluent :

- **Les antécédents de violence dans la famille :** Les individus ayant grandi dans un environnement familial où la violence était fréquente ont plus de risques de devenir violents à leur tour.

- **Les carences éducatives :** Les individus ayant grandi dans un environnement où l'éducation était déficiente, où l'affection était absente ou où la violence était utilisée pour résoudre les conflits peuvent avoir des difficultés à gérer leur propre agressivité.

- **La violence domestique :** Les individus ayant été victimes de violence domestique sont plus susceptibles d'utiliser la violence physique contre les autres.

Facteurs sociaux : Les facteurs sociaux sont liés à l'environnement social de l'individu. Ceux-ci incluent :

- **Les normes sociales :** Les sociétés qui tolèrent ou encouragent la violence physique peuvent favoriser l'émergence de comportements violents chez leurs membres.

- **La pauvreté :** Les individus issus de milieux socio-économiques défavorisés peuvent être exposés à des situations de stress et de frustration qui peuvent conduire à la violence physique.

- **Le chômage :** Les personnes au chômage peuvent être confrontées à des difficultés financières et sociales qui peuvent augmenter leur niveau de stress et les amener à recourir à la violence physique.

- **La culture de la rue :** Les individus qui passent beaucoup de temps dans des environnements où la violence physique est courante, tels que les quartiers défavorisés ou les gangs, peuvent être influencés par cette culture et être plus susceptibles d'utiliser la violence physique pour résoudre les conflits.

Facteurs environnementaux : Les facteurs environnementaux sont liés à l'environnement physique de l'individu. Ceux-ci incluent :

- **La surpopulation :** Les individus vivant dans des environnements surpeuplés peuvent être confrontés à des situations de stress et de frustration qui peuvent augmenter leur niveau d'agressivité.

- **L'exposition à la violence :** Les individus exposés à des images violentes à la télévision, dans les films ou dans les jeux vidéo peuvent être influencés par ces représentations et être plus susceptibles d'utiliser la violence physique.

- **Les conflits interpersonnels :** Les individus qui ont des conflits avec autrui peuvent être plus susceptibles d'utiliser la violence physique pour résoudre ces conflits.

- **L'absence de règles et de réglementation :** L'absence de règles et de réglementation dans un environnement peut encourager l'émergence de comportements violents.

En conclusion, les facteurs favorisant la violence physique sont nombreux et interconnectés. Les facteurs individuels, familiaux, sociaux et environnementaux peuvent tous contribuer à l'émergence de comportements violents. Il est important de reconnaître ces facteurs pour mieux prévenir la violence physique et promouvoir des comportements pacifiques. Les interventions visant à prévenir la violence physique peuvent inclure des programmes de sensibilisation, des thérapies comportementales et des interventions sociales et environnementales.

b) Les conséquences des violences physiques :

Les violences physiques sont des actes de violence qui impliquent l'utilisation de la force physique pour infliger des blessures ou des dommages à une personne ou à un groupe de personnes. Les conséquences de ces actes peuvent être à la fois physiques et psychologiques et peuvent avoir un impact significatif sur la vie des victimes.

Sur le plan physique, les violences physiques peuvent causer des blessures légères ou graves, voire même la mort. Les blessures peuvent aller des ecchymoses et des coupures mineures aux fractures, aux lésions cérébrales et aux traumatismes crâniens. Les victimes peuvent également subir des douleurs musculaires, de la fatigue, des troubles du sommeil, des troubles de l'appétit et une perte de poids. En outre, les victimes peuvent être atteintes de maladies chroniques telles que l'hypertension artérielle, le diabète et les maladies cardiaques en raison du stress physique et émotionnel associé aux violences physiques.

Sur le plan psychologique, les conséquences des violences physiques peuvent être très graves. Les victimes peuvent souffrir de troubles de stress post-traumatique (TSPT), de dépression, d'anxiété, de troubles alimentaires, d'abus de substances et de troubles dissociatifs. Les victimes peuvent également éprouver des sentiments de honte, de culpabilité, de colère, de tristesse et de peur. Les violences physiques peuvent également entraîner une baisse de l'estime de soi, des difficultés à établir des relations intimes et des problèmes de confiance.

Les conséquences des violences physiques ne se limitent pas aux victimes directes. Les membres de la famille, les amis et les collègues peuvent également être touchés. Les enfants qui grandissent dans des foyers où il y a des violences physiques peuvent être témoins de ces actes et en subir les conséquences psychologiques. Les enfants peuvent également être victimes de violences physiques eux-mêmes. Les coûts économiques et sociaux des violences physiques sont également élevés. Les victimes peuvent avoir besoin de soins médicaux coûteux, de services de counseling et de thérapie. Les employeurs peuvent subir des pertes de productivité et des coûts liés aux absences pour cause de maladie.

Les violences physiques peuvent également avoir des conséquences à long terme sur la société dans son ensemble. Les violences physiques peuvent entraîner une augmentation de la criminalité, des coûts de justice pénale et des coûts liés aux soins de santé. Les violences physiques peuvent également avoir des effets négatifs sur l'économie, en réduisant la productivité et en augmentant les coûts pour les employeurs. Les violences physiques peuvent également avoir des effets sur la cohésion sociale, en créant des divisions et en diminuant le sentiment de sécurité dans les communautés touchées.

Il est important de souligner que les effets des violences physiques peuvent être durables, voire permanents. Les victimes peuvent avoir des cicatrices physiques et émotionnelles qui peuvent durer toute leur vie. Les conséquences à long terme peuvent inclure une incapacité permanente, une invalidité physique ou mentale et même la mort.

Il est également important de noter que les violences physiques ont un impact disproportionné sur certaines populations, notamment les femmes, les enfants, les personnes âgées, les personnes handicapées et les minorités ethniques. Les femmes sont particulièrement vulnérables aux violences physiques, notamment la violence conjugale, avec des conséquences graves et durables. Les enfants sont également très vulnérables aux violences physiques et aux abus, ce qui peut avoir des conséquences à long terme sur leur développement et leur bien-être.

Enfin, il est important de souligner que les violences physiques peuvent être évitées. Les programmes de prévention de la violence, qui visent à sensibiliser le public aux conséquences des violences physiques et à fournir des ressources aux victimes, peuvent être très efficaces. Les programmes de traitement pour les auteurs de violences physiques peuvent également être efficaces pour prévenir les récidives.

En conclusion, les violences physiques ont des conséquences graves et durables sur les victimes, leurs familles et la société dans son ensemble. Les conséquences peuvent être à la fois physiques et psychologiques, et peuvent avoir un impact sur la santé, le bien-être et la qualité de vie des victimes. Il est important de travailler à prévenir la violence physique, à traiter les auteurs de violences physiques et à fournir des ressources aux victimes pour aider à réduire les conséquences de la violence physique sur les individus et la société dans son ensemble.

c) Quels seraient les mesures à prendre pour lutter contre les violences physiques ?

Les violences physiques ont des conséquences à la fois individuelles et sociales, et nécessitent une réponse urgente et ciblée pour protéger les victimes, prévenir de futures violences et tenir les auteurs de ces actes responsables. Les mesures à prendre pour lutter contre les conséquences des violences physiques peuvent être regroupées en quatre catégories : prévention, protection, intervention et responsabilisation.

Prévention : La prévention est un élément clé de la lutte contre les violences physiques. Les mesures de prévention peuvent inclure :

- **Sensibilisation et éducation :** des programmes de sensibilisation et d'éducation peuvent être mis en place pour informer la population sur les conséquences des violences physiques, les signes avant-coureurs, les ressources disponibles et les moyens de prévention.

- **Promotion de l'égalité des genres :** les inégalités de genre, qui peuvent conduire à des violences physiques, doivent être combattues en promouvant l'égalité des genres et en éduquant les gens sur les relations saines.

- **Législation :** la législation peut être utilisée pour criminaliser les violences physiques et dissuader les auteurs d'actes de violence.

Protection : La protection des victimes est une autre mesure importante dans la lutte contre les violences physiques. Les mesures de protection peuvent inclure :

- **Hébergement d'urgence :** des abris d'urgence peuvent être mis en place pour protéger les victimes de violence physique et leur fournir un hébergement temporaire.

- **Restriction d'accès :** des ordonnances de protection peuvent être mises en place pour empêcher l'auteur de la violence physique d'entrer en contact avec la victime.

- **Assistance juridique :** les victimes peuvent avoir besoin d'assistance juridique pour obtenir des ordonnances de protection, poursuivre en justice leur agresseur et obtenir une compensation pour les dommages subis.

Intervention : L'intervention est un élément crucial de la lutte contre les violences physiques. Les mesures d'intervention peuvent inclure :

- **Réponse policière :** la police peut intervenir pour arrêter l'auteur de la violence physique et fournir une protection immédiate à la victime.

- **Intervention médicale :** les victimes de violence physique peuvent avoir besoin de soins médicaux immédiats pour traiter leurs blessures.

- **Soutien psychologique :** les victimes peuvent avoir besoin de soutien psychologique pour faire face aux conséquences émotionnelles de la violence physique.

Responsabilisation : La responsabilisation est un élément crucial de la lutte contre les violences physiques. Les mesures de responsabilisation peuvent inclure :

- **Poursuites judiciaires :** les auteurs de violences physiques doivent être tenus responsables de leurs actes devant la justice.

- **Traitement des agresseurs :** les auteurs de violences physiques peuvent avoir besoin de traitement pour les aider à surmonter leur comportement violent.

- **Éducation et réadaptation :** les programmes d'éducation et de réadaptation peuvent être mis en place pour aider les auteurs de violences physiques à comprendre les conséquences de leurs actes et à apprendre des compétences de résolution de conflits non-violentes.

En conclusion, la lutte contre les violences physiques nécessite une approche holistique qui combine des mesures de prévention, de protection, d'intervention et de responsabilisation. Les gouvernements, les agences gouvernementales, les organisations non gouvernementales et la société civile peuvent travailler ensemble pour mettre en place ces mesures et créer un environnement sûr pour tous. Les victimes de violences physiques ont besoin de soutien et de protection, et les auteurs de ces actes doivent être tenus responsables de leurs actes pour prévenir de futures violences.

2- La violence verbale :

La violence verbale est un type de violence qui implique l'utilisation de mots pour causer des dommages émotionnels, psychologiques et parfois physiques à une personne ou à un groupe de personnes. Elle peut prendre de nombreuses formes, allant des insultes et des injures aux menaces et aux discours de haine.

La violence verbale peut survenir dans divers contextes, tels que dans les relations familiales, les relations de couple, les lieux de travail et les interactions sociales en général. Elle peut être exercée par des individus ou des groupes et peut être dirigée contre des individus ou des groupes.

Les effets de la violence verbale peuvent être graves et durables. Les victimes peuvent ressentir des sentiments de peur, d'angoisse, de honte, de colère et de frustration. Elles peuvent également subir des dommages psychologiques tels que la dépression, l'anxiété, le trouble de stress post-traumatique et la perte de confiance en soi.

a) Les différents types de violences verbales :

Il existe plusieurs types de violence verbale, notamment :

- **Les insultes :** Elles sont des mots ou des phrases qui visent à dévaloriser ou à humilier une personne. C'est une forme de violence verbale qui consiste à utiliser des mots offensants pour blesser une personne. Les insultes peuvent être utilisées pour dénigrer l'apparence physique, l'intelligence, les compétences ou la personnalité d'une personne. Les insultes peuvent être dirigées contre un aspect spécifique de la personne, comme son apparence physique, sa race, son sexe, son orientation sexuelle ou son handicap. Elles sont souvent utilisées comme une forme de provocation et peuvent être très blessantes pour la personne qui les reçoit.

- **Les menaces :** La menace est une forme de violence verbale qui vise à intimider ou à effrayer une personne. Les menaces peuvent prendre différentes formes, allant de la menace de violence physique à la menace de diffamation ou de chantage. Ce sont des déclarations qui visent à effrayer ou à intimider une personne. Les menaces peuvent être verbales ou non verbales et peuvent inclure des gestes ou des expressions faciales menaçantes. Les menaces peuvent être particulièrement traumatisantes pour les personnes qui les reçoivent, car elles peuvent entraîner une peur constante et une anxiété accrue.

- **Le harcèlement** : C'est une forme de violence verbale qui consiste à poursuivre une personne avec des commentaires offensants, des insultes ou des menaces ; cela implique des comportements répétitifs et hostiles à l'encontre d'une personne. Le harcèlement peut avoir lieu en personne ou en ligne, et peut être motivé par la jalousie, l'envie ou la haine. Le harcèlement peut avoir des conséquences graves sur la santé mentale et physique des victimes, et peut entraîner une perte de confiance en soi et une détresse émotionnelle.

- **Les discours de haine :** les discours de haine sont des discours qui visent à inciter à la haine ou à la violence contre une personne ou un groupe de personnes en raison de leur race, de leur religion, de leur sexe, de leur orientation sexuelle ou de leur handicap.

- **La manipulation :** La manipulation est une forme de violence verbale qui consiste à utiliser des moyens subtils pour influencer le comportement ou les pensées d'une personne, visant à contrôler les pensées et les actions de cette dernière. La manipulation peut être utilisée pour contrôler une personne ou pour la faire se sentir coupable. Les personnes qui utilisent la manipulation peuvent le faire pour obtenir ce qu'elles veulent sans avoir à prendre la responsabilité de leurs actions. Elle peut prendre de nombreuses formes, telles que la culpabilisation, la minimisation, la distorsion de la réalité et la gaslighting.

- **La critique :** La critique est une forme courante de violence verbale qui peut être utilisée pour discréditer ou dévaloriser une personne. Elle peut être constructive ou destructrice, selon le ton et le contexte dans lequel elle est utilisée. Une critique constructive est utilisée pour aider une personne à améliorer ses compétences ou ses performances, tandis qu'une critique destructrice est utilisée pour blesser ou humilier une personne. Les critiques destructrices peuvent être particulièrement blessantes lorsqu'elles sont utilisées en public ou en présence d'autres personnes.

- **L'humiliation :** L'humiliation est une forme de violence verbale qui vise à rabaisser une personne ou à la faire se sentir mal à l'aise en public. Elle peut être utilisée pour ridiculiser une personne en la faisant se sentir inférieure ou stupide. Les personnes qui utilisent l'humiliation comme forme de violence verbale peuvent être motivées par la jalousie, l'envie ou la frustration.

- **Le sarcasme :** Le sarcasme est une forme de violence verbale qui consiste à utiliser l'ironie pour ridiculiser ou dénigrer une personne. Le sarcasme peut être utilisé pour blesser une personne de manière subtile et peut être particulièrement blessant car il est souvent difficile à identifier comme une forme de violence verbale. Les personnes qui utilisent le sarcasme peuvent le faire pour se sentir supérieures ou pour se moquer d'une personne qui leur déplaît.

- **Le blâme :** Le blâme est une forme de violence verbale qui consiste à tenir une personne responsable d'une situation ou d'un événement négatif. Le blâme peut être utilisé pour détourner l'attention de la personne qui est réellement responsable d'un problème ou pour faire porter le poids de la responsabilité à une personne qui est innocente. Le blâme peut être très blessant pour la personne qui le reçoit, car il peut lui faire sentir qu'elle est responsable d'une situation qu'elle n'a pas créée.

- **La dévalorisation :** La dévalorisation est une forme de violence verbale qui consiste à minimiser les réalisations, les compétences ou les qualités d'une personne. Elle peut être utilisée pour réduire l'estime de soi d'une personne ou pour la faire sentir incapable de réussir. La dévalorisation peut être très blessante pour la personne qui la reçoit, car elle peut lui faire sentir qu'elle n'a pas de valeur en tant qu'individu.

- **La stigmatisation :** La stigmatisation est une forme de violence verbale qui consiste à associer une personne à un groupe stigmatisé ou à une caractéristique négative. La stigmatisation peut être utilisée pour discriminer une personne en raison de sa race, de son sexe, de son orientation sexuelle ou de son handicap. La stigmatisation peut être très blessante pour la personne qui la reçoit, car elle peut lui faire sentir qu'elle est différente ou inférieure aux autres.

Les violences verbales peuvent prendre différentes formes, allant de la simple critique à la manipulation. Elles peuvent être utilisées pour blesser, humilier ou menacer une personne et peuvent avoir des conséquences graves sur la santé mentale et physique des victimes. Il est important de reconnaître les différentes formes de violences verbales et de les condamner pour prévenir leur propagation et protéger les personnes qui en sont victimes.

b) Les différents facteurs qui causent la violence verbale :

La violence verbale peut être causée par plusieurs facteurs :

- **Les problèmes de communication :** Une des principales causes des violences verbales est liée à des problèmes de communication. Les personnes qui ont des difficultés à exprimer leurs sentiments, leurs opinions ou leurs besoins peuvent avoir recours à des comportements violents verbaux pour tenter d'obtenir ce qu'elles veulent. Les difficultés de communication peuvent être dues à des troubles de la parole, comme le bégaiement, ou à des problèmes psychologiques, tels que l'anxiété sociale, la timidité, la colère, la frustration, etc.

- **Les troubles psychologiques :** Les troubles psychologiques peuvent également être une cause de violences verbales. Les personnes atteintes de troubles de la personnalité, tels que la personnalité narcissique, la personnalité borderline, la personnalité antisociale, etc., peuvent avoir des comportements violents verbaux envers les autres. Ces troubles peuvent affecter la capacité des personnes à gérer leurs émotions et à interagir de manière appropriée avec les autres.

- **L'environnement socio-économique :** L'environnement socio-économique peut également jouer un rôle dans les comportements violents verbaux. Les personnes qui sont exposées à des conditions de vie difficiles, telles que la pauvreté, le chômage, la discrimination, etc., peuvent être plus susceptibles d'avoir des comportements violents verbaux. Les personnes qui se sentent menacées ou qui sont en situation de stress peuvent également avoir recours à des comportements violents verbaux pour se défendre.

- **L'influence des pairs :** L'influence des pairs peut également être une cause de violences verbales.

Les enfants et les adolescents qui sont influencés par des pairs qui ont des comportements violents verbaux peuvent être plus susceptibles d'adopter ces comportements à leur tour. Les adultes qui sont influencés par des groupes ou des communautés qui encouragent des comportements violents verbaux peuvent également être plus susceptibles d'adopter ces comportements.

- **Les traumatismes passés :** Les traumatismes passés peuvent également être une cause de violences verbales. Les personnes qui ont été victimes de violence physique, émotionnelle ou sexuelle peuvent avoir des comportements violents verbaux envers les autres en raison de leur propre traumatisme. Les personnes qui ont été témoins de violences physiques ou verbales dans leur enfance peuvent également avoir des comportements similaires à l'âge adulte.

- **Les préjugés et les stéréotypes** peuvent également contribuer aux comportements violents verbaux. Les personnes qui ont des préjugés envers certaines personnes ou groupes peuvent avoir des comportements violents verbaux envers eux. Les stéréotypes peuvent également conduire à des comportements violents verbaux, car ces croyances peuvent amener les gens à considérer certains groupes comme inférieurs ou différents, ce qui peut justifier des comportements violents verbaux envers eux.

- **Les troubles de l'alimentation :** Les troubles de l'alimentation peuvent également être liés à des comportements violents verbaux. Les personnes atteintes de troubles de l'alimentation, tels que l'anorexie ou la boulimie, peuvent avoir des comportements violents verbaux envers les autres en raison de leur propre détresse psychologique. Les troubles de l'alimentation peuvent être déclenchés par des problèmes de stress, d'anxiété ou de dépression, qui peuvent également conduire à des comportements violents verbaux.

- **Les problèmes de contrôle :** Les problèmes de contrôle peuvent également être une cause de violences verbales. Les personnes qui ont des difficultés à contrôler leur environnement ou leur vie peuvent avoir des comportements violents verbaux pour tenter de reprendre le contrôle. Les personnes qui ont des problèmes de contrôle peuvent également avoir des comportements violents verbaux pour intimider ou manipuler les autres.

- **Les problèmes de pouvoir :** Les problèmes de pouvoir peuvent également contribuer aux comportements violents verbaux. Les personnes qui cherchent à obtenir du pouvoir sur les autres peuvent utiliser des comportements verbaux violents pour intimider ou manipuler les autres. Les personnes qui sont en position de pouvoir, comme les dirigeants d'entreprise ou les politiciens, peuvent également avoir des comportements verbaux violents pour maintenir leur position de pouvoir.

- **Les problèmes de gestion de la colère :** Enfin, les problèmes de gestion de la colère peuvent également être une cause de violences verbales. Les personnes qui ont des difficultés à gérer leur colère peuvent avoir des comportements violents verbaux pour exprimer leur frustration ou leur colère. Les personnes qui ont des problèmes de gestion de la colère peuvent également avoir des comportements verbaux violents pour intimider ou manipuler les autres.

En conclusion, les causes des violences verbales sont multiples et complexes, et peuvent varier d'une personne à l'autre. Les problèmes de communication, les troubles psychologiques, l'environnement socio-économique, l'influence des pairs, les traumatismes passés, les préjugés et les stéréotypes, les troubles de l'alimentation, les problèmes de contrôle, les problèmes de pouvoir et les problèmes de gestion de la colère peuvent tous être des facteurs qui contribuent aux comportements violents verbaux. Il est important de comprendre ces causes pour pouvoir prévenir les comportements violents verbaux et aider les personnes qui en sont victimes.

c) Comment y faire face ?

Il est également important de savoir comment réagir face à une violence verbale. Voici quelques conseils qui peuvent aider :

- **Ne pas répondre avec de la violence :** répondre à une violence verbale avec de la violence ne fera qu'aggraver la situation. Il est important de garder son calme et de ne pas s'engager dans une confrontation verbale.

- **Exprimer ses sentiments :** il est important de dire à la personne qui a utilisé une violence verbale comment on se sent par rapport à ce qu'elle a dit. Cela peut aider à désamorcer la situation et à éviter que la violence ne se répète.

- **Se retirer de la situation :** si la violence verbale se produit en public ou en présence d'autres personnes, il peut être utile de se retirer de la situation pour éviter que la violence ne se propage ou ne devienne plus intense.

- **Demander de l'aide :** si la violence verbale persiste ou devient plus grave, il est important de demander de l'aide à un ami, un collègue ou une autorité compétente.

Enfin, il est important de se rappeler que la violence verbale n'est jamais justifiée et que chaque individu a le droit d'être traité avec respect et dignité. En prenant des mesures pour prévenir et traiter la violence verbale, nous pouvons tous contribuer à créer un monde plus sûr et respectueux pour tous.

3- Violence émotionnelle :

La violence émotionnelle est une forme de violence qui peut être très insidieuse et difficile à repérer. Elle peut se produire dans n'importe quelle relation ou contexte où il y a un déséquilibre de pouvoir, y compris dans les relations familiales, romantiques, au travail ou dans les amitiés.

La violence émotionnelle se manifeste souvent par des comportements ou des paroles qui ont pour but de manipuler, de contrôler ou de nuire à une autre personne sur le plan émotionnel. Cette forme de violence peut inclure des comportements tels que la culpabilisation, l'humiliation, l'isolement, l'ignorance, le dénigrement, le chantage émotionnel, la critique constante, la minimisation des sentiments de l'autre et l'invalidation de ses expériences.

La violence émotionnelle peut avoir des effets dévastateurs sur la santé mentale et émotionnelle de la victime. Elle peut entraîner une faible estime de soi, de l'anxiété, de la dépression, des troubles alimentaires, des troubles du sommeil, des problèmes de confiance et une perte de la capacité à se connecter avec les autres. Les effets peuvent être à court terme ou à long terme, et peuvent persister bien après que la relation abusive a pris fin.

Il est important de comprendre que la violence émotionnelle n'est pas toujours visible de l'extérieur. Les victimes peuvent souffrir en silence, ne sachant pas comment demander de l'aide ou comment sortir de la situation. Les signes de violence émotionnelle peuvent inclure une diminution de l'estime de soi, une tendance à se retirer des autres, des changements d'humeur fréquents ou des signes de dépression ou d'anxiété.

Il est également important de noter que la violence émotionnelle peut être une partie intégrante d'un cycle de violence plus large, qui peut inclure des comportements physiques violents. Dans de tels cas, la violence émotionnelle peut être un moyen de maintenir un contrôle sur la victime et de la maintenir dans une relation abusive.

La violence émotionnelle peut être difficile à reconnaître pour les victimes elles-mêmes, ainsi que pour les amis et la famille qui cherchent à aider. Les victimes peuvent se sentir coupables ou honteuses de leur situation, ou peuvent ne pas être en mesure d'identifier que ce qu'elles vivent est de la violence. Les amis et la famille peuvent également ne pas être en mesure de reconnaître les signes de violence émotionnelle ou peuvent être réticents à intervenir dans une relation personnelle.

Si vous soupçonnez que vous-même ou quelqu'un que vous connaissez est victime de violence émotionnelle, il est important de trouver de l'aide. Les ressources peuvent inclure des groupes de soutien, des thérapeutes ou des conseillers, des avocats spécialisés dans les violences conjugales, des lignes d'assistance téléphonique ou des services de police spécialisés.

Il est également important de comprendre qu'il est crucial de ne pas minimiser ou de ne pas normaliser la violence émotionnelle. Les victimes ont besoin de soutien et de compréhension, ainsi que d'aide pour sortir de la situation abusive. Si vous êtes en mesure d'aider, il est important de rester à l'écoute, de ne pas juger et de fournir un soutien inconditionnel.

Il est également important de reconnaître que la violence émotionnelle peut être un comportement appris, et que les personnes qui en souffrent peuvent en être responsables. Cependant, il est important de comprendre que la responsabilité de la violence émotionnelle repose toujours sur le comportement de l'agresseur, et que la victime n'a jamais la faute de l'abus qu'elle subit.

En fin de compte, la violence émotionnelle est un problème complexe et difficile à résoudre. Il est important pour les victimes de comprendre qu'elles ne sont pas seules et qu'il existe des ressources pour les aider à sortir de la situation. Il est également important pour la société dans son ensemble de reconnaître l'importance de mettre fin à la violence émotionnelle, de fournir des ressources pour les victimes et de travailler ensemble pour éduquer et prévenir la violence émotionnelle dans les relations personnelles, professionnelles et autres.

a) Les différents types de violences émotionnelles :

La violence émotionnelle est une forme de violence qui peut avoir des conséquences dévastatrices sur les personnes qui en sont victimes. Elle peut prendre de nombreuses formes différentes, certaines plus subtiles que d'autres. Nous allons explorer les différents types de violences émotionnelles.

- **La manipulation :** La manipulation est l'un des types les plus courants de violence émotionnelle. Elle implique souvent une personne qui essaie de contrôler ou d'influencer les actions et les émotions d'une autre personne pour servir ses propres intérêts. Les manipulateurs peuvent utiliser des tactiques telles que la culpabilisation, les menaces, les mensonges et la flatterie pour obtenir ce qu'ils veulent.

- **L'isolement :** L'isolement est une autre forme courante de violence émotionnelle. Il peut se produire lorsque quelqu'un essaie de couper une personne de ses amis, de sa famille ou de ses autres relations sociales. Les victimes peuvent se sentir seules et isolées, ce qui peut entraîner une faible estime de soi et une dépression.

- **Le chantage affectif :** Le chantage affectif est une forme de manipulation qui implique souvent l'utilisation de la culpabilité pour obtenir ce que l'on veut. Les personnes qui utilisent le chantage affectif peuvent menacer de quitter une relation, de ne plus jamais parler à la victime ou de causer d'autres problèmes si leurs demandes ne sont pas satisfaites.

- **Les insultes et les critiques :** Les insultes et les critiques sont des formes de violence émotionnelle qui peuvent avoir un impact important sur la confiance en soi et l'estime de soi. Les personnes qui subissent ces abus peuvent commencer à croire les mensonges qu'on leur raconte à propos de leur apparence, de leur personnalité ou de leurs compétences.

- **Le gaslighting :** Le gaslighting est une forme de manipulation qui implique souvent de faire douter la victime de sa propre réalité. Les personnes qui utilisent cette technique peuvent nier des événements qui se sont produits, changer leur version des faits ou même accuser la victime de mentir.

- **L'abus de pouvoir :** L'abus de pouvoir est une forme de violence émotionnelle qui se produit souvent dans les relations où une personne a plus de pouvoir ou de contrôle que l'autre. Les personnes qui abusent de leur pouvoir peuvent utiliser leur position pour contrôler les actions et les émotions de l'autre personne.

- **Le harcèlement :** Le harcèlement est une forme de violence émotionnelle qui implique souvent des comportements répétitifs et indésirables. Les personnes qui harcèlent peuvent suivre, menacer ou intimider leurs victimes. Le harcèlement peut également se produire en ligne, par le biais de messages ou de commentaires haineux.

- **La négligence émotionnelle :** La négligence émotionnelle est une forme de violence émotionnelle qui se produit lorsque les besoins émotionnels d'une personne ne sont pas satisfaits. La négligence émotionnelle est une forme de violence émotionnelle qui se produit lorsque les besoins émotionnels d'une personne ne sont pas satisfaits. Les personnes qui négligent les besoins émotionnels de leurs proches peuvent sembler indifférentes ou ne pas prendre en compte les sentiments et les émotions de l'autre personne. Cela peut entraîner un sentiment de solitude et d'abandon, ainsi qu'une faible estime de soi.

- **L'humiliation :** L'humiliation est une forme de violence émotionnelle qui implique souvent de rabaisser ou de ridiculiser une personne en public ou en privé. Les personnes qui humilient peuvent utiliser des blagues cruelles, des remarques dégradantes ou des comportements sarcastiques pour blesser leurs victimes.

- **La violence passive-agressive :** La violence passive-agressive est une forme de violence émotionnelle qui implique souvent des comportements passifs-agressifs tels que la procrastination, l'oubli, l'ignorance ou la résistance. Les personnes qui utilisent cette technique peuvent sembler coopératives et aimables à l'extérieur, mais peuvent en réalité être hostiles et vindicatives.

En conclusion, la violence émotionnelle peut prendre de nombreuses formes différentes, certaines plus subtiles que d'autres. Elle peut avoir un impact profond sur les victimes et peut causer une faible estime de soi, de l'anxiété, de la dépression et d'autres problèmes de santé mentale. Si vous ou quelqu'un que vous connaissez subit de la violence émotionnelle, il est important de chercher de l'aide et de soutien auprès de professionnels de la santé mentale ou d'organisations spécialisées dans la prévention de la violence domestique.

b) Les signes majeurs de violence émotionnelle :

Il est également important de reconnaître les signes de la violence émotionnelle et de prendre des mesures pour s'en protéger. Voici quelques conseils pour vous aider à vous protéger contre la violence émotionnelle :

- Éduquez-vous sur les différents types de violence émotionnelle et les signes à surveiller.

- Évitez les personnes qui ont des comportements violents ou manipulatifs envers vous ou les autres.

- Fixez des limites claires et fermes avec les personnes qui vous causent du tort émotionnel.

- Demandez de l'aide et du soutien auprès d'amis, de membres de la famille ou de professionnels de la santé mentale si vous vous sentez victime de violence émotionnelle.

- Évitez de vous isoler et maintenez des liens sociaux sains avec les autres.

- Pratiquez l'auto-soin, comme faire de l'exercice régulièrement, pratiquer la méditation ou le yoga, et prendre le temps de faire des activités que vous aimez.

Si vous êtes témoin de violence émotionnelle, il est important de parler à la personne qui en est victime, de lui offrir votre soutien et de lui proposer des ressources pour obtenir de l'aide. Il est également important de signaler tout comportement violent ou abusif à la police ou à d'autres autorités compétentes.

c) Les différents facteurs qui causent la violence émotionnelle :

La violence émotionnelle est un type de violence qui peut être difficile à identifier et à traiter, car elle ne laisse souvent pas de traces physiques visibles. Elle peut prendre de nombreuses formes, telles que des insultes, des menaces, des humiliations, des chantages affectifs, et peut avoir des conséquences graves sur la santé mentale et émotionnelle des personnes qui en sont victimes. Dans cet article, nous allons examiner les différents facteurs qui peuvent causer la violence émotionnelle.

Facteur 1 : Les antécédents de violence

Les antécédents de violence sont l'un des facteurs les plus courants qui peuvent causer la violence émotionnelle. Les personnes qui ont été victimes de violence dans leur passé, comme les abus physiques, sexuels ou émotionnels, peuvent être plus susceptibles de devenir des auteurs de violence émotionnelle. Les personnes qui ont été victimes de violence peuvent également souffrir de troubles mentaux tels que la dépression, l'anxiété et le trouble de stress post-traumatique, qui peuvent contribuer à leur comportement violent.

Facteur 2 : Les troubles de la personnalité

Les troubles de la personnalité tels que le trouble de la personnalité narcissique, le trouble borderline de la personnalité et le trouble de la personnalité antisociale, sont également des facteurs qui peuvent causer la violence émotionnelle. Les personnes atteintes de ces troubles peuvent avoir des difficultés à gérer leurs émotions et peuvent être plus susceptibles de se comporter de manière agressive ou manipulatrice envers les autres.

Facteur 3 : Les problèmes de santé mentale

Les problèmes de santé mentale tels que la dépression, l'anxiété, le trouble bipolaire et la schizophrénie peuvent également contribuer à la violence émotionnelle. Les personnes qui souffrent de ces troubles peuvent avoir des difficultés à gérer leurs émotions et peuvent être plus susceptibles de se comporter de manière agressive envers les autres.

Facteur 4 : Les problèmes relationnels

Les problèmes relationnels tels que les conflits conjugaux, les relations parent-enfant difficiles, les problèmes de communication et les difficultés liées à la jalousie peuvent également contribuer à la violence émotionnelle. Les personnes qui se sentent menacées ou rejetées dans une relation peuvent avoir recours à la violence émotionnelle pour maintenir un certain contrôle sur la situation.

Facteur 5 : La culture et les normes sociales

La culture et les normes sociales peuvent également contribuer à la violence émotionnelle. Dans certaines cultures, la violence émotionnelle est considérée comme acceptable ou même encouragée. Les normes sociales qui valorisent la domination et le contrôle dans les relations peuvent également contribuer à la violence émotionnelle.

Facteur 6 : Les facteurs environnementaux

Les facteurs environnementaux tels que le stress, les conflits, les problèmes financiers et les changements de vie peuvent également contribuer à la violence émotionnelle. Les personnes qui sont confrontées à des situations stressantes peuvent être plus susceptibles de se comporter de manière agressive ou manipulatrice envers les autres, y compris la violence émotionnelle.

Facteur 7 : Les addictions

Les addictions, telles que l'alcoolisme, la toxicomanie ou les troubles alimentaires, peuvent également contribuer à la violence émotionnelle. Les personnes qui souffrent d'addictions peuvent avoir du mal à gérer leurs émotions et peuvent être plus susceptibles de se comporter de manière agressive ou manipulatrice envers les autres.

Facteur 8 : Les facteurs socio-économiques

Les facteurs socio-économiques, tels que la pauvreté, la discrimination et l'isolement social, peuvent également contribuer à la violence émotionnelle. Les personnes qui sont confrontées à des difficultés économiques ou sociales peuvent avoir des difficultés à gérer leur stress émotionnel et peuvent être plus susceptibles de se comporter de manière agressive envers les autres.

Facteur 9 : Les facteurs liés à l'éducation et à la parentalité

Les facteurs liés à l'éducation et à la parentalité peuvent également contribuer à la violence émotionnelle. Les parents qui utilisent la violence émotionnelle comme moyen de discipline peuvent transmettre ce comportement à leurs enfants. Les enfants qui ont été témoins de la violence émotionnelle dans leur famille peuvent également être plus susceptibles de devenir des victimes ou des auteurs de violence émotionnelle.

En conclusion, la violences émotionnelle est un comportement destructeur qui peut être causé par de nombreux facteurs différents. Les antécédents de violence, les troubles de la personnalité, les problèmes de santé mentale, les problèmes relationnels, la culture et les normes sociales, les facteurs environnementaux, les addictions, les facteurs socio-économiques, et les facteurs liés à l'éducation et à la parentalité peuvent tous contribuer à la violence émotionnelle. Il est important de comprendre ces facteurs et de travailler à prévenir la violence émotionnelle en identifiant et en traitant les causes sous-jacentes.

d) Les conséquences de la violence émotionnelle

La violence émotionnelle est un type de violence qui se produit lorsqu'une personne utilise des mots ou des comportements pour causer intentionnellement de la douleur émotionnelle à une autre personne. Cette forme de violence peut avoir des conséquences graves et durables pour les victimes. Dans cet article, nous allons examiner les conséquences de la violence émotionnelle.

Tout d'abord, la violence émotionnelle peut causer des problèmes de santé mentale. Les victimes peuvent développer des troubles anxieux, tels que des attaques de panique et des phobies, ou des troubles de l'humeur, tels que la dépression et le trouble bipolaire. La violence émotionnelle peut également causer des troubles de stress post-traumatique (TSPT), qui peuvent inclure des flashbacks, des cauchemars et une hypervigilance.

De plus, la violence émotionnelle peut affecter la confiance en soi et l'estime de soi des victimes. Les victimes peuvent commencer à croire les mensonges et les insultes qui leur sont infligés, ce qui peut entraîner une diminution de l'estime de soi et de la confiance en soi. Cela peut également affecter leur capacité à établir des relations saines avec les autres.

La violence émotionnelle peut également causer des problèmes de comportement. Les victimes peuvent avoir des difficultés à réguler leurs émotions, ce qui peut entraîner des comportements impulsifs ou agressifs. Ils peuvent également avoir des difficultés à établir des limites saines dans leurs relations, ce qui peut les amener à tolérer des comportements abusifs de la part d'autres personnes.

En outre, la violence émotionnelle peut avoir un impact sur la capacité des victimes à réussir dans leur vie professionnelle et leur vie personnelle. Les victimes peuvent avoir des difficultés à se concentrer sur leur travail ou à maintenir des relations saines, ce qui peut affecter leur productivité et leur capacité à développer des relations positives.

La violence émotionnelle peut également avoir un impact sur la santé physique des victimes. Les victimes peuvent développer des problèmes de santé tels que des migraines, des douleurs abdominales, des troubles du sommeil et des troubles alimentaires en réponse à la violence émotionnelle.

Enfin, la violence émotionnelle peut avoir un impact sur les relations interpersonnelles. Les victimes peuvent avoir des difficultés à établir des relations positives et saines avec les autres en raison de la méfiance et de la peur que la violence émotionnelle leur a causées. Cela peut entraîner un isolement social et un manque de soutien émotionnel.

En conclusion, la violence émotionnelle peut causer des dommages graves et durables aux victimes. Les conséquences peuvent inclure des problèmes de santé mentale, des problèmes de comportement, des problèmes de santé physique, des difficultés dans les relations interpersonnelles et des difficultés dans la vie professionnelle et personnelle. Il est important de prendre au sérieux la violence émotionnelle et de chercher à obtenir de l'aide si vous êtes victime ou si vous connaissez quelqu'un qui est victime de violence émotionnelle. Les victimes peuvent avoir besoin d'un soutien émotionnel et peuvent bénéficier de thérapie pour aider à traiter les conséquences de la violence émotionnelle. Il est également important de signaler la violence émotionnelle aux autorités compétentes ou à des organisations spécialisées pour obtenir de l'aide.

En outre, la prévention de la violence émotionnelle est essentielle pour éviter les conséquences négatives qu'elle peut causer. Les parents, les éducateurs et les professionnels de la santé devraient être conscients des signes de violence émotionnelle et des effets qu'elle peut avoir sur les victimes. Ils devraient également enseigner aux enfants et aux jeunes des compétences sociales et émotionnelles pour les aider à développer des relations saines et à prévenir la violence émotionnelle.

Enfin, il est important de souligner que la violence émotionnelle peut toucher tout le monde, indépendamment de l'âge, du sexe ou de l'origine ethnique. Il est donc important d'être conscient de cette forme de violence et de travailler à prévenir et à traiter ses conséquences. En travaillant ensemble pour sensibiliser le public et fournir des ressources pour les victimes, nous pouvons aider à mettre fin à la violence émotionnelle et à créer des communautés plus sûres et plus saines pour tous.

e) Comment lutter contre la violence émotionnelle ?

La violence émotionnelle peut prendre de nombreuses formes, telles que la manipulation, la domination, l'intimidation, l'isolement, la dévalorisation et l'abus verbal. Elle peut être exercée par des partenaires intimes, des parents, des amis ou des collègues de travail, et elle peut causer des dommages psychologiques profonds et durables.

Si vous êtes victime de violence émotionnelle, il est important de savoir que vous n'êtes pas seul et qu'il existe des moyens de lutter contre cette forme de violence. Voici quelques conseils pour vous aider à faire face à la violence émotionnelle :

- **Reconnaissez que vous êtes victime de violence émotionnelle.** La première étape pour lutter contre la violence émotionnelle est de reconnaître que vous en êtes victime. Il peut être difficile de réaliser que la personne que vous aimez ou en qui vous avez confiance vous fait du mal, mais il est important de prendre conscience de la situation.

- **Évitez de vous isoler.** Les personnes qui exercent de la violence émotionnelle ont souvent tendance à isoler leur victime de leur famille et de leurs amis. Il est important de maintenir des liens avec les personnes qui vous soutiennent et qui vous aiment. Ils peuvent vous aider à trouver des solutions et à vous protéger.

- **Cherchez du soutien.** Parlez de votre situation à un ami de confiance, un membre de la famille, un professionnel de la santé mentale ou un groupe de soutien. Ils peuvent vous donner des conseils et vous aider à trouver des moyens de vous protéger.

- **Fixez des limites claires.** Si vous êtes victime de violence émotionnelle, il est important de fixer des limites claires à la personne qui vous fait du mal. Dites-lui que vous n'accepterez pas son comportement et que vous prendrez des mesures pour vous protéger.

- **Évitez les confrontations.** Les personnes qui exercent de la violence émotionnelle peuvent avoir tendance à réagir de manière agressive lorsque vous les confrontez. Il est important de rester calme et de ne pas vous engager dans des confrontations qui pourraient vous mettre en danger.

- **Trouvez des moyens de vous détendre**. La violence émotionnelle peut causer beaucoup de stress et d'anxiété. Trouvez des moyens de vous détendre, comme la méditation, le yoga, la marche ou la lecture.

- **Consultez un professionnel de la santé mentale.** Si vous avez du mal à faire face à la violence émotionnelle, consultez un professionnel de la santé mentale. Il peut vous aider à comprendre vos émotions et à trouver des moyens de vous protéger.

- **Prenez soin de vous.** Prenez soin de votre santé mentale et physique en faisant de l'exercice régulièrement, en mangeant sainement et en dormant suffisamment. Il est important de prendre soin de vous pour maintenir votre résilience et votre force intérieure.

En conclusion, la violence émotionnelle peut avoir des conséquences dévastatrices sur la santé mentale et physique de la victime. Il est important de reconnaître les signes de la violence émotionnelle et de chercher de l'aide si vous en êtes victime.

Il est également important de se rappeler que la violence émotionnelle n'est jamais de votre faute et que vous méritez d'être traité avec respect et dignité. Vous avez le droit de vous protéger et de fixer des limites claires à la personne qui vous fait du mal.

Si vous connaissez quelqu'un qui pourrait être victime de violence émotionnelle, il est important de lui offrir votre soutien et de l'aider à trouver de l'aide. La violence émotionnelle est une forme de violence difficile à détecter, mais il est important de ne pas minimiser ou ignorer les signes qui pourraient indiquer que quelqu'un en est victime.

En fin de compte, la lutte contre la violence émotionnelle nécessite une prise de conscience, une connaissance de ses droits, du soutien et des actions concrètes pour se protéger et mettre fin à cette forme de violence.

4- La violence psychologique :

Les violences psychologiques, également appelées violences morales, sont des comportements abusifs qui visent à contrôler, humilier, isoler ou menacer une personne. Contrairement aux violences physiques, les violences psychologiques ne laissent pas de traces visibles, mais peuvent avoir des conséquences graves sur la santé mentale et physique de la victime.

Les violences psychologiques peuvent prendre plusieurs formes. Parmi les exemples les plus courants, on peut citer l'insulte, la critique constante, la dévalorisation, la manipulation, la menace, le chantage, l'isolement social, la privation de liberté, le harcèlement et le contrôle excessif.

Ces comportements abusifs sont souvent utilisés dans le cadre de relations toxiques, telles que les relations amoureuses, familiales ou professionnelles. Les victimes de violences psychologiques peuvent se sentir prisonnières de leur situation, car elles ont souvent peur des conséquences si elles tentent de mettre fin à la relation.

Les conséquences des violences psychologiques peuvent être graves et durables. Les victimes peuvent développer des troubles anxieux, des troubles de l'humeur, des troubles alimentaires, des problèmes de sommeil, des troubles de la personnalité et même des idées suicidaires. Les enfants qui sont victimes de violences psychologiques peuvent également développer des problèmes comportementaux, des difficultés scolaires et des troubles émotionnels.

Il est important de noter que les violences psychologiques peuvent être difficiles à identifier, car elles ne laissent pas de traces visibles. Les victimes peuvent avoir du mal à reconnaître qu'elles sont victimes de violences psychologiques, car elles peuvent se sentir coupables, honteuses ou responsables de la situation.

Si vous êtes victime de violences psychologiques, il est important de demander de l'aide. Vous pouvez contacter une association de soutien aux victimes, un professionnel de la santé mentale ou un avocat spécialisé dans les violences conjugales. Il est également important de prendre des mesures pour vous protéger, telles que la mise en place d'un plan de sécurité ou le dépôt d'une plainte auprès de la police.

Dans l'ensemble, les violences psychologiques sont des comportements abusifs qui peuvent avoir des conséquences graves sur la santé mentale et physique des victimes. Il est important de prendre des mesures pour prévenir et lutter contre ces comportements, afin de protéger les personnes vulnérables et de favoriser des relations saines et respectueuses.

a) Les différents types de violence psychologique

Les violences psychologiques sont des comportements ou des actes qui ont pour objectif de causer des dommages psychologiques à une personne. Elles peuvent prendre plusieurs formes et peuvent être exercées par une personne ou un groupe de personnes sur une autre personne ou un groupe de personnes. Voici une liste non exhaustive des différents types de violences psychologiques :

-   **L'isolement social :** l'isolement social est une forme de violence psychologique qui consiste à isoler une personne du reste de la société. Cette forme de violence peut être exercée par une personne ou un groupe de personnes, et peut être très dommageable pour la santé mentale de la personne isolée.

- **Le harcèlement** : le harcèlement est une forme de violence psychologique qui se caractérise par des comportements répétés et hostiles envers une personne. Le harcèlement peut prendre plusieurs formes, telles que des insultes, des menaces, des moqueries, des intimidations, etc.

- **La manipulation :** la manipulation est une forme de violence psychologique qui consiste à influencer une personne de manière malhonnête pour obtenir un avantage personnel. Cette forme de violence peut être très subtile et difficile à détecter, mais elle peut être très dommageable pour la santé mentale de la personne manipulée.

- **Le chantage émotionnel :** le chantage émotionnel est une forme de violence psychologique qui consiste à menacer une personne de causer des dommages émotionnels si elle ne fait pas ce que le chanteur veut. Cette forme de violence est souvent utilisée dans les relations familiales ou amoureuses.

- **La dévalorisation :** la dévalorisation est une forme de violence psychologique qui consiste à rabaisser une personne et à la faire sentir inférieure. Cette forme de violence peut prendre plusieurs formes, telles que des critiques constantes, des insultes, des moqueries, etc.

-   **L'abus de pouvoir :** l'abus de pouvoir est une forme de violence psychologique qui consiste à utiliser un pouvoir ou une autorité pour causer des dommages psychologiques à une personne. Cette forme de violence peut être exercée par une personne ou une institution, et peut être très dommageable pour la santé mentale de la personne victime.

-   **Le gaslighting :** le gaslighting est une forme de violence psychologique qui consiste à faire douter une personne de sa propre réalité et à la faire sentir folle ou irrationnelle. Cette forme de violence peut être très subtile et difficile à détecter, mais elle peut être très dommageable pour la santé mentale de la personne victime.

-   **L'infantilisation :** l'infantilisation est une forme de violence psychologique qui consiste à traiter une personne comme un enfant et à la faire sentir incapable de prendre des décisions ou de s'occuper d'elle-même. Cette forme de violence peut être très dommageable pour l'estime de soi de la personne victime.

- **La stigmatisation :** la stigmatisation est une forme de violence psychologique qui consiste à discriminer une personne en raison de caractéristiques telles que sa race, son genre, son orientation sexuelle, sa religion, etc. Cette forme de violence peut être très dommageable pour la santé mentale de la personne victime, car elle peut conduire à l'isolement social et à l'auto-stigmatisation.

- **La menace :** la menace est une forme de violence psychologique qui consiste à faire peur à une personne en la menaçant de lui causer des dommages physiques ou psychologiques. Cette forme de violence peut être très effrayante pour la personne victime et peut avoir des conséquences graves sur sa santé mentale.

- **Le silence forcé :** le silence forcé est une forme de violence psychologique qui consiste à interdire à une personne de s'exprimer ou de communiquer librement. Cette forme de violence peut être exercée par une personne ou une institution, et peut être très dommageable pour la santé mentale de la personne victime.

- **Le contrôle :** le contrôle est une forme de violence psychologique qui consiste à exercer un pouvoir sur la vie d'une personne, en limitant ses choix et ses actions. Cette forme de violence peut être exercée dans les relations familiales, amoureuses ou professionnelles, et peut être très dommageable pour la santé mentale de la personne victime.

- **L'humiliation :** l'humiliation est une forme de violence psychologique qui consiste à faire honte à une personne en public ou en privé. Cette forme de violence peut être très dommageable pour l'estime de soi de la personne victime et peut avoir des conséquences graves sur sa santé mentale.

- **La culpabilisation :** la culpabilisation est une forme de violence psychologique qui consiste à faire sentir à une personne qu'elle est responsable des problèmes ou des difficultés rencontrés par une autre personne. Cette forme de violence peut être très dommageable pour l'estime de soi de la personne victime et peut conduire à l'auto-blâme et à la dépression.

En conclusion, les violences psychologiques sont des comportements ou des actes qui ont pour objectif de causer des dommages psychologiques à une personne. Elles peuvent prendre de nombreuses formes et peuvent être exercées par une personne ou un groupe de personnes. Il est important de reconnaître les différentes formes de violences psychologiques pour pouvoir les prévenir et les combattre. Si vous êtes victime ou témoin de violences psychologiques, il est important de chercher de l'aide auprès d'un professionnel de la santé mentale ou d'une organisation spécialisée.

b) Les différents facteurs qui causent la violence psychologique :

Les violences psychologiques sont des comportements abusifs qui ont pour but de dominer, contrôler et humilier une personne. Elles peuvent être causées par de nombreux facteurs, tels que des antécédents de violence, des problèmes de santé mentale, des problèmes de pouvoir et de contrôle, des troubles de la personnalité, des conflits familiaux, des problèmes financiers, des problèmes de communication, des stress liés au travail ou à la vie quotidienne, des traumatismes, etc. Dans les lignes qui suivent, je vais décrire brièvement les différentes causes de violences psychologiques.

- **Les antécédents de violence : Les** personnes qui ont été témoins ou victimes de violence dans leur enfance ou leur adolescence peuvent être plus susceptibles d'utiliser la violence psychologique en tant qu'adultes. Les comportements abusifs peuvent également être transmis de génération en génération.

- **Les problèmes de santé mentale :** Les personnes qui souffrent de troubles de l'humeur, de troubles de l'anxiété, de troubles de la personnalité ou d'autres problèmes de santé mentale peuvent être plus susceptibles de recourir à la violence psychologique pour gérer leurs émotions ou pour tenter de contrôler leur environnement.

- **Les problèmes de pouvoir et de contrôle :** Les personnes qui cherchent à exercer un pouvoir et un contrôle sur leur partenaire peuvent utiliser la violence psychologique pour intimider, humilier ou isoler leur partenaire. Les comportements abusifs peuvent être utilisés pour maintenir le pouvoir et le contrôle sur une relation.

- **Les troubles de la personnalité :** Les personnes qui souffrent de troubles de la personnalité, tels que le trouble narcissique de la personnalité, le trouble de la personnalité borderline ou le trouble de la personnalité antisociale, peuvent être plus susceptibles d'utiliser la violence psychologique pour manipuler ou contrôler leur partenaire.

- **Les conflits familiaux :** Les conflits familiaux, tels que les disputes entre parents et enfants, les disputes entre frères et sœurs ou les problèmes conjugaux, peuvent être une cause de violence psychologique. Les comportements abusifs peuvent être utilisés pour exercer un pouvoir et un contrôle sur la situation ou pour exprimer de la frustration ou de la colère.

- **Les problèmes financiers :** Les problèmes financiers, tels que la perte d'emploi, les dettes ou les difficultés économiques, peuvent être une source de stress et de tension dans une relation. La violence psychologique peut être utilisée pour exprimer de la frustration ou pour tenter de contrôler les comportements financiers de l'autre personne.

- **Les problèmes de communication :** Les problèmes de communication, tels que le manque de compétences en communication ou le refus de communiquer, peuvent entraîner des malentendus et des conflits dans une relation. La violence psychologique peut être utilisée pour tenter de contrôler la communication ou pour exprimer de la frustration.

- **Les stress liés au travail ou à la vie quotidienne :** Les stress liés au travail ou à la vie quotidienne peuvent également être une cause de violence psychologique. Les personnes qui sont stressées ou qui se sentent dépassées peuvent avoir recours à des comportements abusifs pour exprimer leur frustration ou pour tenter de contrôler leur environnement.

- **Les traumatismes :** Les personnes qui ont subi des traumatismes, tels que des abus sexuels ou physiques, peuvent être plus susceptibles d'utiliser la violence psychologique pour se protéger ou pour tenter de contrôler leur environnement.

Il est important de noter que ces causes ne sont pas exhaustives et que chaque situation de violence psychologique peut être unique. Les victimes de violence psychologique peuvent ressentir des sentiments de peur, de confusion, de honte et d'isolement, et il est important qu'elles reçoivent le soutien dont elles ont besoin pour se protéger et pour se rétablir. Les professionnels de la santé mentale, les travailleurs sociaux et les organismes de soutien aux victimes de violence peuvent tous offrir une aide et un soutien précieux aux personnes qui ont été victimes de violence psychologique.

c) Les conséquences des violences psychologiques :

Les violences psychologiques sont des formes d'abus émotionnel qui peuvent avoir de graves conséquences sur la santé mentale et physique des victimes. Elles peuvent prendre de nombreuses formes, telles que la manipulation, l'intimidation, l'humiliation, la dévalorisation, la culpabilisation, l'isolement social, la privation de liberté et la menace.

Les conséquences des violences psychologiques peuvent être à la fois immédiates et durables. Les victimes peuvent éprouver des sentiments de tristesse, de colère, de dépression, d'anxiété, de stress, de confusion, de désorientation et de perte de confiance en soi. Elles peuvent également avoir des troubles du sommeil, des troubles alimentaires, des maux de tête, des douleurs corporelles, des troubles digestifs et des maladies chroniques.

Les violences psychologiques peuvent également avoir des effets sur les relations interpersonnelles. Les victimes peuvent avoir du mal à établir et à maintenir des relations saines avec les autres en raison de leur manque de confiance en soi et de leur peur de la répétition des violences subies. Elles peuvent également avoir des difficultés à établir des limites saines et à se défendre contre de nouvelles violences.

Les enfants qui sont victimes de violences psychologiques peuvent également subir des conséquences durables. Ils peuvent éprouver des difficultés à se concentrer, des troubles du comportement, des difficultés à l'école et des troubles du développement émotionnel. Ces effets peuvent persister à l'âge adulte et affecter leur capacité à réussir dans la vie.

Les violences psychologiques peuvent également être liées à des comportements à risque tels que la consommation de drogues, d'alcool et de tabac, ainsi qu'à des comportements sexuels dangereux. Les victimes peuvent également développer des troubles de l'alimentation, tels que l'anorexie et la boulimie, en réponse à la pression exercée sur leur apparence physique.

En outre, les violences psychologiques peuvent avoir des conséquences économiques. Les victimes peuvent avoir des difficultés à travailler en raison de leur santé mentale et physique, ce qui peut entraîner une perte de revenus et une instabilité financière. Les coûts associés aux soins de santé peuvent également être élevés.

Enfin, les violences psychologiques peuvent avoir des conséquences durables sur la santé mentale des victimes. Les personnes qui ont été victimes de violences psychologiques peuvent présenter un risque accru de dépression, d'anxiété, de stress post-traumatique, de troubles de la personnalité et de troubles psychotiques. Ces effets peuvent persister longtemps après la fin de la violence et peuvent nécessiter une intervention professionnelle pour être traités.

En conclusion, les violences psychologiques ont de graves conséquences pour les victimes, tant sur le plan physique que mental. Elles peuvent affecter la santé mentale et physique, les relations interpersonnelles, le développement émotionnel des enfants, les comportements à risque, l'économie et la santé mentale à long terme. Il est important de reconnaître les signes de violences psychologiques et de chercher de l'aide si vous êtes victime ou si vous connaissez quelqu'un qui en est victime. Les professionnels de la santé mentale peuvent offrir des traitements et des ressources pour aider les victimes à se rétablir et à surmonter les effets des violences psychologiques. Il est également important de sensibiliser le public aux conséquences des violences psychologiques afin de prévenir leur occurrence et de créer des environnements sains et respectueux pour tous.

d) Comment y faire face ?

Les violences psychologiques sont des comportements abusifs qui peuvent causer des dommages émotionnels et psychologiques graves chez les victimes. Il peut être difficile de déceler ces violences, car elles ne laissent pas de marques physiques visibles, mais elles peuvent être tout aussi nuisibles que les violences physiques. Voici quelques conseils pour lutter contre les violences psychologiques :

- **Reconnaître les signes de la violence psychologique :** Il est important de savoir identifier les comportements qui peuvent causer des dommages psychologiques chez une personne. Les signes de violence psychologique peuvent inclure des insultes, des critiques constantes, des menaces, de l'intimidation, de l'isolement social et de la manipulation.

- **Se protéger :** Si vous êtes victime de violence psychologique, la première étape consiste à vous protéger. Si vous êtes en danger immédiat, appelez la police ou les services d'urgence. Si vous n'êtes pas en danger immédiat, essayez de limiter votre contact avec la personne qui vous inflige des violences psychologiques.

- **Demander de l'aide :** Il peut être difficile de demander de l'aide, mais il est important de ne pas rester seul face à la violence psychologique. Parlez à un ami de confiance, à un membre de votre famille ou à un professionnel de la santé mentale.

- **Prendre soin de soi :** Les violences psychologiques peuvent causer des dommages émotionnels et psychologiques graves. Il est donc important de prendre soin de vous. Essayez de faire de l'exercice régulièrement, de manger sainement, de dormir suffisamment et de pratiquer des techniques de relaxation telles que la méditation ou le yoga.

- **Établir des limites :** Si vous êtes en contact avec une personne qui vous inflige des violences psychologiques, établissez des limites claires. Dites-lui ce que vous êtes prêt à tolérer et ce que vous ne tolérerez pas. Si la personne ne respecte pas vos limites, envisagez de couper les ponts avec elle.

- **Chercher un soutien juridique :** Si vous êtes victime de violences psychologiques, vous pouvez également chercher un soutien juridique. Il peut être possible de déposer une plainte auprès de la police ou de chercher une ordonnance de protection.

- **Sensibiliser aux violences psychologiques :** Enfin, il est important de sensibiliser les autres aux violences psychologiques. Les violences psychologiques sont souvent ignorées ou minimisées, mais elles peuvent causer des dommages émotionnels et psychologiques graves chez les victimes. En sensibilisant les autres aux violences psychologiques, vous pouvez aider à prévenir leur occurrence.

En somme, la lutte contre les violences psychologiques est un combat de longue haleine. Il est important de reconnaître les signes de la violence, de se protéger, de demander de l'aide, de prendre soin de soi, d'établir des limites claires, de chercher un soutien juridique si nécessaire et de sensibiliser les autres aux violences psychologiques. Il est également important de se rappeler qu'il n'y a pas de honte à être victime de violences psychologiques et qu'il existe des ressources pour vous aider.

Si vous êtes victime de violences psychologiques, vous pouvez contacter des organismes locaux de défense des droits des victimes pour obtenir de l'aide et du soutien. Vous pouvez également contacter des lignes d'assistance téléphonique pour obtenir des conseils et des informations sur les services disponibles.

En fin de compte, la lutte contre les violences psychologiques est un effort collectif. En travaillant ensemble pour sensibiliser les autres aux violences psychologiques et en offrant un soutien aux victimes, nous pouvons aider à mettre fin à ce type de comportement abusif et à créer un monde plus sûr et plus sain pour tous.

5- La violence sexuelle :

Les violences sexuelles sont un problème majeur dans le monde entier. Elles se manifestent sous différentes formes, notamment le viol, l'agression sexuelle, le harcèlement sexuel, l'exploitation sexuelle et le mariage forcé. Les victimes de violences sexuelles sont principalement des femmes et des filles, mais les hommes et les garçons peuvent également en être victimes.

Le viol est une forme extrême de violence sexuelle qui consiste à forcer une personne à avoir des rapports sexuels contre sa volonté. Les agressions sexuelles peuvent inclure des attouchements non désirés, des caresses forcées ou des baisers non consentis. Le harcèlement sexuel se produit lorsque des comportements sexuels non désirés sont imposés à une personne, comme des avances sexuelles non sollicitées ou des remarques inappropriées sur le corps ou la sexualité d'une personne. L'exploitation sexuelle implique l'utilisation de la force, de la fraude ou de la coercition pour contraindre une personne à se livrer à des activités sexuelles. Le mariage forcé est une autre forme de violence sexuelle où une personne est forcée d'épouser quelqu'un contre sa volonté.

Les conséquences des violences sexuelles sont dévastatrices pour les victimes. Elles peuvent ressentir de la douleur, de l'angoisse, de la honte, de la culpabilité et de la peur. Dans les cas les plus graves, les victimes peuvent subir des blessures physiques, des traumatismes psychologiques et même la mort. Les violences sexuelles peuvent également avoir des conséquences à long terme, telles que des problèmes de santé mentale, des problèmes de santé physique, des difficultés relationnelles, des problèmes professionnels et des problèmes financiers.

Les violences sexuelles sont souvent perpétrées par des personnes connues des victimes, telles que des membres de la famille, des amis, des collègues ou des partenaires intimes. Cependant, elles peuvent également être perpétrées par des inconnus, notamment lors de situations de conflit, de migration forcée ou de crises humanitaires.

Les violences sexuelles sont une violation des droits humains fondamentaux et sont considérées comme un crime dans la plupart des pays. Les gouvernements et les organisations internationales ont mis en place des lois et des politiques pour prévenir les violences sexuelles, poursuivre les auteurs et protéger les victimes. Cependant, la mise en œuvre de ces lois et politiques reste souvent insuffisante, en particulier dans les pays en développement et dans les situations de conflit.

La prévention des violences sexuelles est essentielle pour mettre fin à ce fléau. Cela comprend la sensibilisation, l'éducation sexuelle, la promotion de l'égalité des sexes et la lutte contre les stéréotypes de genre. Il est également important de fournir un soutien aux victimes, notamment des services de santé mentale, des services juridiques et des services sociaux.

Les violences sexuelles peuvent être prévenues en éduquant les individus sur les notions de consentement et de respect mutuel, ainsi qu'en encourageant les femmes et les filles à se faire entendre et à signaler les violences sexuelles. Il est également important de sensibiliser les hommes et les garçons à leur rôle dans la prévention des violences sexuelles et à leur responsabilité de respecter les droits des femmes et des filles.

Les gouvernements peuvent jouer un rôle clé dans la prévention des violences sexuelles en fournissant des services de soutien aux victimes, en renforçant les lois et les politiques de protection des droits des femmes et des filles, en poursuivant les auteurs de violences sexuelles et en sensibilisant le public à la gravité de ce problème. Les organisations internationales peuvent également jouer un rôle important en fournissant des conseils et un soutien technique aux gouvernements, ainsi qu'en finançant des projets de prévention et de lutte contre les violences sexuelles.

Enfin, il est important de souligner que la lutte contre les violences sexuelles est un effort collectif qui nécessite la participation de tous les acteurs de la société. Les individus, les gouvernements, les organisations internationales, les organisations de la société civile et le secteur privé doivent unir leurs forces pour mettre fin aux violences sexuelles et protéger les droits des femmes et des filles.

En conclusion, les violences sexuelles sont un problème complexe et grave qui affecte des millions de personnes dans le monde entier. Il est important de reconnaître l'ampleur de ce problème et de mettre en œuvre des mesures de prévention efficaces pour protéger les droits des femmes et des filles. En travaillant ensemble, nous pouvons mettre fin aux violences sexuelles et créer un monde plus équitable et respectueux des droits humains.

a) Les différents types de violences sexuelles :

Les violences sexuelles sont des actes de nature sexuelle qui sont perpétrés contre une personne sans son consentement. Ces actes peuvent être physiques, psychologiques ou émotionnels et peuvent être commis par une personne ou un groupe de personnes. Il existe plusieurs types de violences sexuelles, chacun ayant des caractéristiques et des conséquences différentes pour les victimes.

- **Le viol:** Le viol est une forme de violence sexuelle qui consiste en une pénétration vaginale, anale ou orale forcée ou non consentie. Il peut être commis par une personne connue de la victime ou par un étranger. Les victimes de viol peuvent subir des traumatismes physiques et psychologiques à long terme, notamment des troubles de stress post-traumatique (TSPT), des troubles anxieux et dépressifs, ainsi que des problèmes de santé reproductive et sexuelle.

- **L'agression sexuelle**: L'agression sexuelle est un acte de nature sexuelle qui est commis sans le consentement de la victime. Cela peut inclure des gestes tels que des contacts physiques non désirés, des attouchements, des baisers forcés ou des caresses non consenties. Les victimes d'agression sexuelle peuvent également subir des traumatismes physiques et psychologiques à long terme, notamment des troubles de stress post-traumatique (TSPT), des troubles anxieux et dépressifs, ainsi que des problèmes de santé reproductive et sexuelle.

- **Le harcèlement sexuel:** Le harcèlement sexuel est un comportement non désiré de nature sexuelle qui peut inclure des remarques ou des insinuations à caractère sexuel, des propositions sexuelles non désirées, des contacts physiques non consentis, des avances sexuelles répétées ou des menaces. Le harcèlement sexuel peut se produire sur le lieu de travail, dans les écoles, dans les lieux publics ou en ligne. Les victimes de harcèlement sexuel peuvent subir des traumatismes psychologiques à long terme, notamment des troubles anxieux et dépressifs.

- L'exploitation sexuelle: L'exploitation sexuelle est une forme de violence sexuelle qui implique l'utilisation de la force, de la fraude ou de la coercition pour impliquer une personne dans des activités sexuelles non désirées ou pour exploiter une personne de manière sexuelle. Cela peut inclure la prostitution forcée, le trafic sexuel, le mariage forcé, la pornographie infantile et l'exposition à des comportements sexuels inappropriés ou abusifs. Les victimes d'exploitation sexuelle peuvent subir des traumatismes physiques et psychologiques à long terme, notamment des troubles de stress post-traumatique (TSPT), des troubles anxieux et dépressifs, ainsi que des problèmes de santé reproductive et sexuelle.

- Le mariage forcé: Le mariage forcé est une forme de violence sexuelle qui implique l'utilisation de la force, de la fraude ou de la coercition pour obliger une personne à se marier contre sa volonté. Les victimes de mariage forcé peuvent être contraintes à des relations sexuelles non consenties avec leur conjoint, ainsi qu'à d'autres formes d'abus et de violence domestique. Les victimes peuvent subir des traumatismes physiques et psychologiques à long terme, notamment des troubles de stress post-traumatique (TSPT), des troubles anxieux et dépressifs, ainsi que des problèmes de santé reproductive et sexuelle.

- La mutilation génitale féminine: La mutilation génitale féminine (MGF) est une pratique traditionnelle qui consiste à enlever ou à endommager les organes génitaux féminins. Cette pratique est souvent effectuée sur des jeunes filles et peut inclure l'ablation du clitoris, des petites lèvres et/ou des grandes lèvres. La MGF peut causer des douleurs chroniques, des infections, des problèmes de santé sexuelle et reproductive, ainsi que des traumatismes psychologiques à long terme.

- La violence sexuelle en temps de guerre: La violence sexuelle en temps de guerre est une tactique utilisée pour terroriser et humilier les populations civiles. Les femmes et les enfants sont particulièrement vulnérables à ces formes de violence, qui peuvent inclure le viol, l'esclavage sexuel, la prostitution forcée, la grossesse forcée, la stérilisation forcée et la mutilation génitale. Les victimes de violence sexuelle en temps de guerre peuvent subir des traumatismes physiques et psychologiques à long terme, notamment des troubles de stress post-traumatique (TSPT) et des troubles anxieux et dépressifs.

En somme, les violences sexuelles sont des actes criminels qui ont des conséquences graves sur les victimes. Il est important de sensibiliser le public à ces formes de violence et de promouvoir des politiques et des programmes qui protègent les victimes et préviennent la violence sexuelle. Les victimes de violences sexuelles ont besoin de soutien et d'accès à des soins de santé et à une assistance juridique pour se remettre de ces traumatismes et retrouver leur autonomie.

b) Les différents facteurs qui favorisent les violences sexuelles :

Les violences sexuelles sont un problème grave et répandu dans le monde entier, touchant des personnes de tous âges, sexes, ethnies et classes sociales. Les facteurs qui favorisent les violences sexuelles sont nombreux et complexes, et il est important de comprendre ces facteurs afin de prévenir et réduire ces violences.

- **Les normes sociales et culturelles :** Les normes sociales et culturelles jouent un rôle important dans la perpétuation des violences sexuelles. Certaines cultures peuvent encourager la violence contre les femmes et les filles, en valorisant la virilité et la domination masculine. Dans ces cultures, les femmes sont souvent considérées comme inférieures aux hommes et sont traitées comme des objets sexuels, ce qui peut mener à des violences sexuelles.

- **Les inégalités de genre :** Les inégalités de genre, telles que la discrimination et la marginalisation des femmes et des filles, sont également des facteurs qui favorisent les violences sexuelles. Les femmes et les filles sont souvent considérées comme étant moins importantes que les hommes et les garçons, ce qui peut les rendre vulnérables aux violences sexuelles. Les inégalités économiques et sociales peuvent également augmenter le risque de violences sexuelles, car les femmes et les filles peuvent être forcées de se prostituer pour subvenir à leurs besoins.

- **Les antécédents de violence :** Les personnes ayant des antécédents de violence sont plus susceptibles d'être des auteurs ou des victimes de violences sexuelles. Les personnes ayant été victimes de violences sexuelles dans leur enfance ou leur adolescence, peuvent être plus susceptibles de devenir des auteurs de violences sexuelles à l'âge adulte. Les personnes ayant une histoire de violence domestique peuvent également être plus susceptibles de commettre des violences sexuelles.

- **L'alcool et la drogue :** L'alcool et la drogue peuvent également jouer un rôle important dans les violences sexuelles. Les personnes sous l'influence de l'alcool ou de la drogue peuvent être moins en mesure de donner leur consentement ou de comprendre les conséquences de leurs actions. Les agresseurs peuvent également utiliser l'alcool ou la drogue pour rendre leurs victimes plus vulnérables.

- **La violence dans les relations intimes :** La violence dans les relations intimes est un autre facteur qui favorise les violences sexuelles. Les personnes qui ont des antécédents de violence dans leurs relations intimes sont plus susceptibles de commettre des violences sexuelles. Les relations intimes peuvent également être utilisées pour contrôler et manipuler les partenaires, y compris par le biais de violences sexuelles.

- **Les facteurs environnementaux :** Les facteurs environnementaux, tels que la pauvreté, la guerre et les catastrophes naturelles, peuvent également jouer un rôle dans les violences sexuelles. Les personnes vivant dans des environnements instables et dangereux peuvent être plus susceptibles de subir des violences sexuelles. Les conflits armés peuvent également entraîner une augmentation des violences sexuelles, notamment les viols de guerre, où les violences sexuelles sont utilisées comme une arme pour terroriser et humilier les populations.

- **Les normes et les stéréotypes dans les médias** : Les normes et les stéréotypes dans les médias peuvent également jouer un rôle dans la perpétuation des violences sexuelles. Les médias peuvent renforcer les stéréotypes de genre et la culture du viol, en représentant les femmes comme des objets sexuels ou en normalisant les violences sexuelles dans les films, les émissions de télévision et les jeux vidéo.

- **Le manque d'éducation sexuelle :** Le manque d'éducation sexuelle est un autre facteur qui favorise les violences sexuelles. Les personnes qui ne reçoivent pas d'éducation sexuelle adéquate peuvent ne pas comprendre les notions de consentement et de respect dans les relations sexuelles. Le manque d'éducation sexuelle peut également conduire à des comportements à risque ou à des croyances erronées sur la sexualité.

- **La faible application de la loi :** La faible application de la loi est un autre facteur qui favorise les violences sexuelles. Les auteurs de violences sexuelles sont souvent impunis, ce qui peut encourager la perpétuation de ces actes. Les victimes peuvent également avoir peur de signaler les violences sexuelles, en raison de la stigmatisation sociale ou de la peur de représailles.

En conclusion, les facteurs qui favorisent les violences sexuelles sont nombreux et complexes, et nécessitent une approche globale et systémique pour les prévenir et les réduire. Il est important de travailler à lutter contre les normes sociales et culturelles qui encouragent les violences sexuelles, de promouvoir l'égalité de genre et de mettre en place des politiques et des programmes qui soutiennent les victimes et tiennent les auteurs responsables de leurs actes.

c) Les conséquences qu'entrainent les violences sexuelles :

Les violences sexuelles sont des actes de violence qui impliquent une violation de la dignité, de l'intégrité physique et psychologique d'un individu. Elles peuvent prendre de nombreuses formes, allant du harcèlement sexuel à l'agression sexuelle, en passant par le viol, la traite des êtres humains ou l'exploitation sexuelle. Les conséquences de ces actes sont extrêmement graves, tant pour les victimes que pour leur entourage.

Tout d'abord, les violences sexuelles ont des conséquences physiques immédiates. Les victimes peuvent subir des blessures physiques, des douleurs et des traumatismes, tels que des contusions, des ecchymoses, des fractures, des lésions génitales, des infections sexuellement transmissibles, voire même des grossesses non désirées. Les victimes peuvent également développer des troubles du sommeil, des troubles alimentaires, des douleurs chroniques, des maladies cardiovasculaires et d'autres problèmes de santé physique.

Les conséquences psychologiques des violences sexuelles sont tout aussi graves. Les victimes peuvent souffrir de stress post-traumatique, d'anxiété, de dépression, de troubles du comportement alimentaire, de troubles obsessionnels compulsifs, de phobies, de troubles dissociatifs, de troubles de la personnalité, de troubles du sommeil, d'addictions et de tendances suicidaires. Les victimes peuvent également ressentir de la honte, de la culpabilité, de la colère, de la tristesse et de la détresse.

Les conséquences sociales des violences sexuelles sont également importantes. Les victimes peuvent avoir des difficultés à faire confiance aux autres, à se sentir en sécurité et à nouer des relations intimes. Elles peuvent également subir des discriminations, des stigmatisations et des préjugés, ce qui peut entraîner une réduction de l'estime de soi et de la qualité de vie.

Les conséquences économiques des violences sexuelles sont également importantes. Les victimes peuvent perdre leur emploi, leur logement et leur capacité à prendre soin de leur famille. Elles peuvent également subir des pertes financières importantes en raison des coûts médicaux, des frais juridiques et des pertes de salaire.

Les conséquences des violences sexuelles sur les enfants sont particulièrement graves. Les enfants peuvent subir des blessures physiques et psychologiques graves, ainsi que des problèmes de développement, tels que des troubles du comportement, des troubles de l'apprentissage et des troubles émotionnels. Les enfants peuvent également être exposés à des risques de négligence, d'abus et d'exploitation sexuelle à long terme.

Enfin, les conséquences des violences sexuelles sur la société dans son ensemble sont également importantes. Les violences sexuelles ont un impact négatif sur la sécurité publique, la santé publique et la qualité de vie. Elles peuvent également entraîner des coûts économiques importants en termes de soins médicaux, de justice pénale, de réadaptation et de soutien aux victimes.

Les violences sexuelles ont également des conséquences sur l'égalité des sexes et les droits de l'homme. Elles sont souvent utilisées pour exercer un pouvoir et un contrôle sur les femmes et les filles, et sont souvent liées à d'autres formes de discrimination, telles que le racisme, l'homophobie et la xénophobie. Les violences sexuelles sont une violation des droits fondamentaux de chaque individu à la sécurité, à la dignité et à l'intégrité physique et psychologique.

En conclusion, les conséquences des violences sexuelles sont graves et multiples. Elles affectent la santé physique et mentale des victimes, leurs relations sociales, leur situation économique et leur qualité de vie. Elles ont également un impact négatif sur la sécurité publique, la santé publique et les droits de l'homme. La lutte contre les violences sexuelles est donc essentielle pour protéger la dignité et les droits fondamentaux de chaque individu, ainsi que pour promouvoir une société juste, égalitaire et respectueuse de tous.

d) Quels sont les mécanismes à mettre en place pour lutter contre les violences sexuelles et les éradiquer ?

Les violences sexuelles sont des actes répréhensibles qui causent des dommages physiques, émotionnels et psychologiques à leurs victimes. Pour lutter contre ces violences et les éradiquer, il est nécessaire de mettre en place plusieurs mécanismes à différents niveaux de la société. Dans les paragraphes qui suivent, je vais développer quelques-unes de ces mesures.

- **Éducation et sensibilisation :** L'éducation et la sensibilisation sont des éléments clés pour lutter contre les violences sexuelles. Il est important d'enseigner dès le plus jeune âge les notions de respect, de consentement et d'égalité entre les sexes. Les programmes d'éducation sexuelle doivent être renforcés et inclure des informations sur les violences sexuelles, leur impact sur les victimes et les moyens de prévention.

La sensibilisation doit également toucher les adultes, notamment les parents, les enseignants, les professionnels de la santé et les responsables de communauté. Des campagnes de communication doivent être organisées pour sensibiliser la population aux violences sexuelles et à leurs conséquences. Les médias jouent également un rôle important en diffusant des messages de prévention et en dénonçant les actes de violence sexuelle.

- **Renforcement de la législation :** Le renforcement de la législation est essentiel pour lutter contre les violences sexuelles. Il est nécessaire de punir sévèrement les auteurs de ces actes et de garantir la protection des victimes. Les lois doivent être adaptées pour permettre aux victimes de dénoncer les violences sexuelles en toute sécurité et avec efficacité. Les sanctions doivent être proportionnelles à la gravité de l'acte et dissuasives pour les auteurs potentiels.

- **Protection des victimes :** La protection des victimes est primordiale pour lutter contre les violences sexuelles. Les victimes doivent être soutenues et protégées contre toute forme de représailles. Des structures d'accueil et de soutien doivent être mises en place pour aider les victimes à se reconstruire et à se réinsérer dans la société. Ces structures doivent être accessibles à tous, y compris aux personnes les plus vulnérables, telles que les enfants, les personnes handicapées et les personnes LGBTQ+.

- **Intervention précoce :** L'intervention précoce est un mécanisme important pour lutter contre les violences sexuelles. Il est essentiel d'identifier les signes avant-coureurs de ces violences et d'intervenir rapidement pour prévenir les actes de violence. Les professionnels de la santé, de l'éducation et du social doivent être formés pour reconnaître ces signes et savoir comment agir en cas de suspicion de violence sexuelle.

- **Coopération internationale :** La coopération internationale est également importante pour lutter contre les violences sexuelles. Les États doivent collaborer pour échanger des informations et des bonnes pratiques, harmoniser les législations et lutter contre les réseaux criminels impliqués dans les violences sexuelles. Les organisations internationales comme l'Organisation des Nations unies (ONU) et l'Union européenne (UE) jouent également un rôle important en encourageant la coopération internationale et en soutenant les initiatives visant à lutter contre les violences sexuelles.
- **Prise en compte des facteurs de risque :** Il est important de reconnaître les facteurs de risque qui favorisent les violences sexuelles. Parmi ces facteurs, on peut citer l'alcool et les drogues, la pauvreté, les inégalités entre les sexes, les conflits armés et les crises humanitaires. Pour lutter efficacement contre les violences sexuelles, il est nécessaire de prendre en compte ces facteurs et de mettre en place des politiques et des programmes qui les prennent en compte.

- **Implication des hommes et des garçons :** Les hommes et les garçons ont un rôle important à jouer dans la lutte contre les violences sexuelles. Les stéréotypes de genre et les normes sociales qui encouragent la domination masculine sont souvent à l'origine de ces violences. En impliquant les hommes et les garçons dans la lutte contre les violences sexuelles, on peut contribuer à changer ces normes et à promouvoir l'égalité entre les sexes. Les hommes et les garçons peuvent être impliqués dans des campagnes de sensibilisation, des programmes d'éducation et des initiatives de prévention.

En conclusion, la lutte contre les violences sexuelles nécessite une approche globale et coordonnée. Elle implique des mesures à différents niveaux de la société, notamment l'éducation et la sensibilisation, le renforcement de la législation, la protection des victimes, l'intervention précoce, la coopération internationale, la prise en compte des facteurs de risque et l'implication des hommes et des garçons. Il est essentiel de travailler ensemble pour lutter contre les violences sexuelles et garantir le respect des droits fondamentaux de chacun.

6- Les violences conjugales :

Les violences conjugales sont un phénomène complexe qui affecte des millions de personnes dans le monde. Il s'agit d'un comportement abusif et violent perpétré par un conjoint ou un partenaire intime contre l'autre, qui peut prendre différentes formes, du harcèlement verbal à la violence physique sévère.

Les violences conjugales peuvent toucher n'importe qui, indépendamment de l'âge, du sexe, de l'orientation sexuelle, de la race, de l'ethnie ou de la situation économique. Cependant, les femmes sont plus souvent victimes de violences conjugales que les hommes.

Les causes des violences conjugales sont multiples et complexes. Les facteurs sociaux, culturels et économiques peuvent jouer un rôle important, tout comme les problèmes de santé mentale, la toxicomanie et l'alcoolisme. Les attitudes sexistes, la domination et le contrôle exercés par l'un des partenaires sur l'autre, ainsi que les conflits non résolus peuvent également contribuer à la violence.

Les conséquences des violences conjugales sont graves et peuvent être à la fois physiques, psychologiques et sociales. Les victimes peuvent souffrir de blessures physiques, de stress post-traumatique, de dépression, d'anxiété et de troubles du sommeil. Les enfants témoins de violence conjugale peuvent également subir des traumatismes et des troubles émotionnels.

Il est important de comprendre que les violences conjugales ne sont jamais justifiées et qu'il est crucial de prendre des mesures pour aider les victimes et prévenir ces comportements abusifs. Les gouvernements, les organisations non gouvernementales et les communautés doivent travailler ensemble pour sensibiliser le public aux violences conjugales et pour offrir des services de soutien aux victimes, tels que des refuges pour femmes, des lignes d'assistance téléphonique et des programmes de conseil.

Les victimes de violences conjugales devraient également être encouragées à signaler les abus et à chercher de l'aide auprès de professionnels de la santé, de la police ou d'autres organismes de soutien. Les thérapies individuelles et familiales peuvent également aider les victimes à surmonter les traumatismes et à se remettre des violences qu'elles ont subies.

Enfin, il est important de souligner que la prévention est la clé pour mettre fin aux violences conjugales. Cela implique de promouvoir l'égalité des sexes et d'éduquer le public sur les relations saines et non abusives. Il est également important de travailler avec les auteurs de violences conjugales pour les aider à changer leur comportement et à mettre fin à la violence.

En somme, les violences conjugales sont un grave problème social qui nécessite une réponse collective et coordonnée pour aider les victimes et prévenir les comportements abusifs. Il est essentiel de sensibiliser le public à cette question et de travailler ensemble pour mettre fin aux violences conjugales.

a) Les facteurs favorisant les violences conjugales

Les violences conjugales sont un problème grave et complexe qui peut avoir de nombreuses causes. Cependant, il y a certains facteurs qui peuvent augmenter le risque de violences conjugales.

- **Le stress et les problèmes financiers :** Les situations stressantes, notamment les problèmes financiers, peuvent augmenter la tension dans une relation et entraîner des conflits qui peuvent conduire à des violences conjugales.

- **La consommation d'alcool et de drogues :** La consommation excessive d'alcool et de drogues peut diminuer les inhibitions et augmenter l'agressivité, ce qui peut conduire à des violences conjugales.

- **La jalousie excessive :** La jalousie excessive peut conduire à des comportements possessifs et agressifs envers le conjoint, ce qui peut également augmenter le risque de violences conjugales.

- **Les antécédents de violence :** Les personnes qui ont été témoins ou victimes de violences dans leur enfance ou leur adolescence ont plus de risques de devenir elles-mêmes violentes dans leur relation de couple.

- **Les troubles mentaux :** Les personnes souffrant de troubles mentaux, tels que la dépression, l'anxiété ou les troubles de la personnalité, peuvent avoir des difficultés à gérer leurs émotions et leurs comportements, ce qui peut conduire à des violences conjugales.

- **Le contrôle et la domination :** Les personnes qui cherchent à exercer un contrôle excessif sur leur conjoint ou qui cherchent à dominer leur relation peuvent recourir à la violence pour maintenir leur pouvoir.

- **Les attitudes sexistes :** Les attitudes sexistes et la croyance en des rôles de genre stéréotypés peuvent conduire à des comportements violents envers le conjoint, en particulier si le conjoint ne se conforme pas à ces rôles de genre.

- **Les pressions sociales et culturelles** : Les pressions sociales et culturelles peuvent exacerber les tensions dans une relation et conduire à des comportements violents, en particulier dans les sociétés où la violence est tolérée ou normalisée.

- **Les problèmes de communication** : Les problèmes de communication peuvent conduire à des malentendus et des frustrations qui peuvent conduire à des conflits et des violences conjugales.

- **L'isolement social :** Les personnes qui sont socialement isolées peuvent être plus vulnérables à la violence conjugale, car elles peuvent avoir moins de ressources pour demander de l'aide ou pour quitter une relation violente.

En conclusion, les violences conjugales sont un problème complexe qui peut avoir de nombreuses causes. Il est important de reconnaître les facteurs qui peuvent augmenter le risque de violences conjugales afin de prendre des mesures pour les prévenir. Les programmes de prévention et de sensibilisation peuvent aider à réduire les risques de violences conjugales en fournissant des informations et des ressources aux personnes concernées.

b) Les conséquences des violences conjugales :

Les violences conjugales sont un problème grave et répandu dans la société, qui peut avoir de nombreuses conséquences dévastatrices pour les victimes, leur entourage et la société dans son ensemble. Dans cet article, nous allons explorer certaines des conséquences les plus courantes des violences conjugales.

- **Conséquences physiques :** Les violences conjugales peuvent entraîner des blessures physiques graves, telles que des fractures, des contusions et des coupures. Les victimes peuvent souffrir de douleurs chroniques, de troubles du sommeil, de problèmes de santé mentale tels que la dépression ou l'anxiété, et peuvent même développer des troubles alimentaires ou des addictions.

- **Conséquences psychologiques :** Les violences conjugales peuvent également avoir des conséquences psychologiques graves sur les victimes. Elles peuvent se sentir isolées, anxieuses, déprimées et avoir des troubles de l'estime de soi. Les victimes peuvent également développer des troubles de stress post-traumatique (TSPT), qui peuvent se manifester par des cauchemars, des flashbacks et des crises de panique.

- **Conséquences sociales :** Les violences conjugales peuvent avoir des conséquences sociales graves pour les victimes. Elles peuvent perdre leur travail, devenir sans-abri ou être isolées de leur famille et de leurs amis. Les enfants qui sont témoins de violences conjugales peuvent également subir des conséquences sociales, telles que des difficultés à l'école, des troubles du comportement et des problèmes de santé mentale.

- **Conséquences économiques :** Les violences conjugales peuvent également avoir des conséquences économiques graves pour les victimes. Les victimes peuvent perdre leur travail en raison des absences liées aux blessures ou à la peur de rentrer chez elles, ou elles peuvent être contraintes de quitter leur travail pour se mettre en sécurité. Les victimes peuvent également subir des pertes financières importantes, notamment en raison des frais médicaux.

- **Conséquences juridiques :** Les conséquences juridiques des violences conjugales peuvent être importantes pour les victimes et les agresseurs. Les agresseurs peuvent être poursuivis en justice et condamnés à des peines de prison ou de probation. Les victimes peuvent également avoir besoin de se rendre au tribunal pour obtenir une ordonnance de protection, qui peut inclure l'interdiction pour l'agresseur de se rapprocher d'elles ou de les contacter.

- **Conséquences pour la société :** Les violences conjugales ont également des conséquences pour la société dans son ensemble. Les coûts économiques directs et indirects des violences conjugales sont élevés, tant pour les victimes que pour la société. Les violences conjugales peuvent également contribuer à la propagation de la violence dans les relations interpersonnelles et à l'augmentation de la criminalité.

En conclusion, les violences conjugales ont des conséquences graves et multiples pour les victimes, leur entourage et la société dans son ensemble. Il est important de sensibiliser le public à ce problème et de prendre des mesures pour prévenir les violences conjugales et aider les victimes à sortir de situations dangereuses. Les programmes de sensibilisation et d'éducation, les services de soutien pour les victimes et les campagnes de lutte contre les violences conjugales sont quelques-unes des initiatives qui peuvent aider à prévenir les violences conjugales et à soutenir les victimes.

Il est également important que les gouvernements et les organismes de réglementation prennent des mesures pour renforcer les lois et les politiques visant à protéger les victimes de violences conjugales et à poursuivre les agresseurs en justice. Les initiatives de prévention et de soutien doivent être soutenues par des ressources adéquates pour garantir leur efficacité.

En fin de compte, la prévention et la lutte contre les violences conjugales sont essentielles pour garantir la sécurité et le bien-être des individus et de la société dans son ensemble. Il est important de soutenir les victimes et de responsabiliser les agresseurs pour mettre fin à cette forme de violence insidieuse et destructrice.

c) Les mesures à prendre pour lutter contre les violences conjugales :

Les violences conjugales sont un problème grave qui touche des millions de personnes dans le monde entier. Il s'agit d'un comportement abusif, intimidant et souvent violent exercé par un partenaire intime sur l'autre. Les victimes de violences conjugales peuvent être des femmes, des hommes ou des personnes de tout âge ou de tout sexe.

La lutte contre les violences conjugales est un sujet complexe qui nécessite une approche multidimensionnelle. Les mesures à prendre pour lutter contre les violences conjugales peuvent être classées en trois catégories principales : la prévention, la protection et le soutien aux victimes.

La prévention des violences conjugales implique des efforts pour prévenir l'apparition de ce type de comportement toxique. Les programmes de prévention peuvent inclure des campagnes de sensibilisation, des programmes d'éducation pour les jeunes et les adultes, et des interventions visant à promouvoir l'égalité des sexes et à lutter contre les stéréotypes de genre. Les gouvernements, les écoles, les organisations de la société civile et les médias peuvent tous jouer un rôle important dans la prévention des violences conjugales.

La protection des victimes de violences conjugales est une autre mesure clé pour lutter contre ce fléau. Les gouvernements doivent s'assurer que les lois et les politiques de protection des victimes sont en place et sont appliquées de manière efficace. Les victimes de violences conjugales doivent être protégées contre les abus physiques, psychologiques et sexuels, et les auteurs de ces abus doivent être traduits en justice. Les victimes doivent également avoir accès à des services de santé, de logement, de conseils et de soutien juridique, ainsi qu'à des programmes de réinsertion sociale.

Le soutien aux victimes de violences conjugales est également crucial pour leur permettre de se reconstruire après une situation de violence. Les victimes doivent avoir accès à des services de soutien émotionnel, de conseil et de thérapie, ainsi qu'à des groupes d'entraide. Les personnes qui ont subi des violences conjugales peuvent également bénéficier de programmes de formation et de réinsertion professionnelle pour les aider à retrouver leur autonomie financière.

En plus de ces mesures, il est également important de souligner l'importance de la collaboration entre les différents acteurs impliqués dans la lutte contre les violences conjugales. Les gouvernements, les organisations de la société civile, les professionnels de la santé, les travailleurs sociaux, les forces de l'ordre et les communautés locales doivent travailler ensemble pour prévenir la violence conjugale, protéger les victimes et fournir le soutien nécessaire pour leur permettre de se rétablir.

En conclusion, la lutte contre les violences conjugales est une tâche complexe qui nécessite une approche multidimensionnelle. Les mesures de prévention, de protection et de soutien aux victimes doivent être mises en place de manière cohérente et coordonnée pour garantir que les personnes touchées par les violences conjugales bénéficient de l'aide nécessaire pour sortir de cette situation difficile. Les gouvernements doivent s'engager à mettre en place des politiques et des programmes efficaces pour prévenir les violences conjugales, protéger les victimes et aider à leur rétablissement. Les organisations de la société civile, les professionnels de la santé, les travailleurs sociaux et les communautés locales peuvent également jouer un rôle clé en fournissant des services de soutien et d'assistance aux victimes.

Enfin, il est important de souligner que la lutte contre les violences conjugales nécessite une prise de conscience et un engagement de toute la société. Il est essentiel d'éduquer les gens sur les conséquences destructrices de la violence conjugale et de promouvoir une culture de respect mutuel et d'égalité des sexes. En collaborant ensemble, nous pouvons travailler à mettre fin aux violences conjugales et à créer un monde plus sûr et plus égalitaire pour tous.

7- Les violences domestiques :

Les violences domestiques sont un phénomène mondial qui touche des millions de personnes tous les ans. Elles se manifestent sous différentes formes, telles que la violence physique, la violence psychologique, la violence sexuelle, la violence économique et la violence verbale. Les victimes peuvent être des femmes, des hommes, des enfants ou des personnes âgées.

Les violences domestiques ont des conséquences graves et durables pour les victimes et leur entourage. Elles peuvent entraîner des blessures physiques et psychologiques, des traumatismes, des troubles du sommeil, des troubles de l'alimentation, des troubles mentaux, des comportements à risque, des problèmes de santé, des difficultés scolaires, des problèmes professionnels, des difficultés sociales et financières, et même la mort.

Les violences domestiques sont souvent perpétrées par un partenaire intime, mais elles peuvent aussi être commises par un parent, un enfant, un frère ou une sœur, un grand-parent, un beau-parent ou tout autre membre de la famille. Les violences domestiques peuvent se produire dans tous les types de relations, qu'elles soient hétérosexuelles ou homosexuelles, mariées ou non mariées, en cohabitation ou non.

Les causes des violences domestiques sont complexes et multifactorielles. Elles peuvent inclure des facteurs individuels tels que la jalousie, la possessivité, la colère, l'alcool ou la drogue, la dépression, l'anxiété, le stress, la faible estime de soi, le manque de contrôle de soi, la criminalité, la violence dans l'enfance, l'isolement social, la pauvreté, le chômage et la précarité. Elles peuvent également être causées par des facteurs sociaux tels que la discrimination, l'inégalité des sexes, la stigmatisation, la violence culturelle, les normes sociales, la pression sociale, la violence médiatique et la violence politique.

La prévention et la lutte contre les violences domestiques sont essentielles pour protéger les victimes et leurs proches, et pour promouvoir une société plus juste et plus égalitaire. Les mesures de prévention peuvent inclure l'éducation, la sensibilisation, la formation, la prise de conscience, la promotion de l'égalité des sexes, la protection des droits humains, la lutte contre la pauvreté, la promotion de la santé et du bien-être, la mise en place de lois et de politiques efficaces, et la coordination des services de soutien et de protection.

Les mesures de soutien et de protection peuvent inclure l'assistance juridique, le soutien psychologique, les soins de santé, le logement, la sécurité, la protection de l'enfance, la médiation familiale, l'aide aux victimes pour la gestion de leurs finances, l'aide à la recherche d'emploi et la réinsertion sociale. Les victimes de violences domestiques peuvent également bénéficier du soutien d'associations et de groupes de soutien, qui peuvent leur offrir des services d'écoute, de conseil et d'orientation, ainsi que des espaces de parole et de solidarité.

En France, les violences conjugales sont considérées comme un problème majeur de santé publique, et des mesures ont été prises pour lutter contre ce fléau. La loi du 28 décembre 2019 a renforcé la protection des victimes en élargissant le champ des infractions pénales, en facilitant la mise en place de mesures de protection, en renforçant les sanctions pour les auteurs de violences et en améliorant l'accompagnement des victimes.

Cependant, malgré ces mesures, les violences domestiques continuent de constituer un problème grave et persistant. Des efforts supplémentaires doivent être déployés pour sensibiliser le public, renforcer la prévention et la protection des victimes, et améliorer la lutte contre les violences domestiques.

En conclusion, les violences domestiques sont un phénomène complexe et multifactoriel qui peut toucher n'importe qui, quel que soit son âge, son sexe, son orientation sexuelle ou son statut social. La prévention et la lutte contre les violences domestiques sont essentielles pour protéger les victimes et leurs proches, et pour promouvoir une société plus juste et plus égalitaire.

a) Les facteurs qui favorisent les violences domestiques :

Les violences domestiques sont un problème grave et complexe qui peut avoir des conséquences dévastatrices sur les victimes et leur entourage. Il existe de nombreux facteurs qui peuvent contribuer à la survenue de ces violences, qu'ils soient individuels, relationnels, sociaux ou culturels. Dans cet article, nous allons examiner certains des principaux facteurs qui sont associés aux violences domestiques.

Facteurs individuels

Les facteurs individuels sont ceux qui sont liés aux caractéristiques personnelles des personnes impliquées dans la violence domestique. Ces facteurs peuvent inclure :

- **Les antécédents de violence** : Les personnes qui ont subi ou qui ont été témoins de violences dans leur enfance sont plus susceptibles d'être violentes à leur tour. Les antécédents de violence peuvent également inclure des troubles de la personnalité, des troubles mentaux et des problèmes de dépendance aux substances.

- **La jalousie excessive** : Les personnes qui sont jalouses de leur partenaire peuvent devenir violentes si elles perçoivent une menace réelle ou imaginaire pour leur relation.

- **L'instabilité émotionnelle** : Les personnes qui ont des difficultés à gérer leurs émotions peuvent avoir recours à la violence pour exprimer leur frustration ou leur colère.

- **Le stress et la pression** : Les personnes qui font face à des problèmes financiers, professionnels, familiaux ou de santé peuvent être plus enclines à la violence domestique.

- **Facteurs relationnels :** Les facteurs relationnels sont ceux qui sont liés à la dynamique de la relation entre les personnes impliquées dans la violence domestique. Ces facteurs peuvent inclure :

- **La communication inefficace :** Les couples qui ont des difficultés à communiquer efficacement peuvent avoir recours à la violence pour résoudre leurs conflits.

- **Le contrôle :** Les personnes qui cherchent à exercer un contrôle excessif sur leur partenaire peuvent devenir violentes si elles se sentent menacées ou si elles perdent leur emprise sur la relation.

- **La dépendance émotionnelle :** Les personnes qui sont très dépendantes de leur partenaire peuvent accepter la violence pour maintenir la relation.

- **La rupture de la relation** : Les violences domestiques peuvent survenir lorsque l'un des partenaires décide de mettre fin à la relation.

- **Facteurs sociaux** : Les facteurs sociaux sont ceux qui sont liés au contexte social dans lequel les personnes impliquées dans la violence domestique évoluent. Ces facteurs peuvent inclure :

- **La pauvreté** : Les personnes qui vivent dans des situations de pauvreté sont plus susceptibles de faire face à des problèmes de stress et de pression, ce qui peut augmenter le risque de violence domestique.

- **L'isolement social** : Les personnes qui sont isolées socialement peuvent être plus enclines à la violence domestique, car elles n'ont pas d'autres formes de soutien ou de ressources pour faire face aux problèmes.

- **Les attitudes culturelles** : Certaines cultures peuvent valoriser la violence comme un moyen de résoudre les conflits ou de maintenir la hiérarchie dans les relations.

- Les attitudes culturelles peuvent également inclure des stéréotypes de genre qui considèrent les femmes comme inférieures ou soumises aux hommes, ce qui peut justifier la violence domestique.

- **Les normes sociales :** Les normes sociales peuvent influencer les comportements et les attitudes des individus. Dans certaines cultures ou communautés, la violence domestique peut être considérée comme acceptable ou normalisée, ce qui peut encourager les comportements violents.

- **Facteurs environnementaux :** Les facteurs environnementaux sont ceux qui sont liés aux conditions matérielles et physiques dans lesquelles les personnes impliquées dans la violence domestique vivent. Ces facteurs peuvent inclure :

- **La surpopulation :** Les personnes qui vivent dans des conditions de surpopulation peuvent être plus stressées et plus susceptibles de se disputer, ce qui peut augmenter le risque de violence domestique.

- **Les conditions de vie insalubres :** Les personnes qui vivent dans des conditions de vie insalubres peuvent présenter des problèmes de santé qui peuvent augmenter le risque de violence domestique.

- **L'accès à des armes :** L'accès à des armes à feu peut augmenter la gravité des violences domestiques et augmenter le risque de décès.

- **Les obstacles à l'accès aux services :** Les personnes qui ont des difficultés à accéder à des services tels que les soins de santé, les services sociaux ou les services juridiques peuvent avoir du mal à sortir de situations de violence domestique.

Les violences domestiques sont un problème complexe qui peut être causé par une combinaison de facteurs individuels, relationnels, sociaux et environnementaux. Il est important de reconnaître que la violence domestique peut toucher tout le monde, indépendamment de leur sexe, de leur âge, de leur statut social ou de leur orientation sexuelle. Il est donc essentiel de travailler à la prévention de la violence domestique en abordant ces facteurs de manière globale, en offrant un soutien et des ressources aux victimes, en éduquant la société sur les conséquences de la violence domestique et en promouvant des normes sociales positives et respectueuses des droits humains.

b) Les conséquences des violences domestiques :

Les violences domestiques sont un phénomène complexe et multiforme qui peut avoir de graves conséquences sur les victimes, leur famille et la société dans son ensemble. Les formes de violence domestique incluent la violence physique, la violence sexuelle, la violence psychologique et la violence économique. Dans cet article, nous allons examiner en détail les conséquences de la violence domestique.

- **Conséquences physiques :** La violence physique est la forme la plus visible de la violence domestique et peut entraîner des blessures graves, des handicaps permanents et même la mort. Les victimes de violence physique peuvent souffrir de fractures, de contusions, de coupures, de brûlures et de blessures internes. Les coups portés à la tête peuvent entraîner des traumatismes crâniens et des lésions cérébrales. Les victimes peuvent également souffrir de douleurs chroniques, de troubles du sommeil et de problèmes de santé mentale tels que la dépression et l'anxiété.

- **Conséquences psychologiques :** La violence domestique peut également causer des dommages psychologiques graves aux victimes. Les victimes de violence psychologique peuvent souffrir de troubles de l'estime de soi, de la confiance en soi et de la perception de soi. Elles peuvent également souffrir de troubles de l'humeur, de l'anxiété, du stress post-traumatique et de la dépression. La violence domestique peut également affecter les enfants qui en sont témoins, en provoquant des troubles du comportement, des problèmes d'apprentissage et des troubles émotionnels.

- **Conséquences sociales :** La violence domestique peut également avoir des conséquences sociales importantes. Les victimes peuvent être isolées socialement, perdre leur emploi ou leur logement et subir des problèmes financiers. La violence domestique peut également avoir des répercussions sur la famille et les amis de la victime, qui peuvent être contraints de prendre soin de la victime. La violence domestique peut également avoir des répercussions sur la société dans son ensemble, en contribuant à des taux élevés de criminalité, de pauvreté et de problèmes de santé mentale.

- **Conséquences économiques :** La violence domestique peut également avoir des conséquences économiques importantes pour les victimes. Les victimes peuvent perdre leur emploi ou être contraintes de quitter leur emploi pour échapper à la violence. Elles peuvent également subir des pertes financières en raison de la destruction de biens personnels ou de la perte de leur logement. Les victimes peuvent également avoir des difficultés à trouver un logement sûr, ce qui peut entraîner des dépenses supplémentaires pour les frais de déménagement et les dépôts de garantie.

- **Conséquences juridiques :** La violence domestique peut également avoir des conséquences juridiques importantes pour les victimes. Les victimes peuvent être confrontées à des procédures judiciaires complexes pour obtenir une ordonnance de protection ou pour poursuivre leur agresseur en justice. Les victimes peuvent également être confrontées à des difficultés pour obtenir des mesures de soutien et de protection de la part des autorités judiciaires et policières. Les victimes peuvent également subir des pressions de la part de leur agresseur pour retirer les accusations ou pour ne pas témoigner en justice.

- **Conséquences pour les enfants :** Les enfants qui sont témoins de la violence domestique peuvent subir des conséquences graves sur leur développement émotionnel et comportemental. Les enfants peuvent souffrir de troubles de l'attachement, de la confiance en soi et de la socialisation. Ils peuvent également souffrir de dépression, d'anxiété et de troubles du comportement. Les enfants qui sont exposés à la violence domestique peuvent également être plus susceptibles de devenir victimes ou auteurs de violence dans leur vie adulte.

- **Conséquences pour les agresseurs :** Les agresseurs qui commettent des actes de violence domestique peuvent également subir des conséquences graves, notamment des poursuites judiciaires, des peines de prison et des restrictions de leurs droits parentaux. Les agresseurs peuvent également subir des conséquences psychologiques, notamment des troubles de l'humeur, de l'anxiété et de la dépression.

La violence domestique est un problème complexe qui peut avoir des conséquences graves sur les victimes, leur famille et la société dans son ensemble. Les conséquences de la violence domestique peuvent être à la fois physiques, psychologiques, économiques, sociales et juridiques. Il est important de sensibiliser le public à ce problème et de fournir des mesures de soutien et de protection aux victimes. Les gouvernements, les organisations non gouvernementales et les communautés doivent travailler ensemble pour prévenir et éliminer la violence domestique.

c) Les mesures à prendre pour lutter contre les violences domestiques :

Les violences domestiques sont un problème grave et répandu dans le monde entier. Il s'agit d'un phénomène qui touche toutes les classes sociales et tous les groupes ethniques, et qui peut avoir des conséquences dévastatrices pour les victimes et leur entourage. Les gouvernements, les organisations non gouvernementales et la société civile ont donc un rôle important à jouer pour lutter contre les violences domestiques et protéger les victimes.

Voici quelques mesures qui peuvent être prises pour lutter contre les violences domestiques :

- **Sensibilisation et éducation :** Il est important de sensibiliser le public aux dangers des violences domestiques et de promouvoir une culture de tolérance zéro à l'égard de la violence. L'éducation peut jouer un rôle clé pour changer les attitudes et les comportements, et pour aider les gens à identifier les signes de la violence domestique et à savoir quoi faire en cas de besoin.

- **Protection des victimes :** Les victimes de violences domestiques ont besoin de soutien et de protection. Les gouvernements peuvent mettre en place des refuges pour les victimes et des centres d'appel d'urgence pour fournir une aide immédiate en cas de besoin. Les lois sur les violences domestiques peuvent également être renforcées pour offrir une plus grande protection aux victimes.

- **Assistance juridique :** Les victimes de violences domestiques ont souvent besoin d'une assistance juridique pour obtenir une ordonnance de protection ou pour poursuivre leur agresseur en justice. Les gouvernements peuvent mettre en place des programmes d'assistance juridique gratuits ou à faible coût pour aider les victimes à accéder à la justice.

- **Prévention :** La prévention est essentielle pour lutter contre les violences domestiques. Les gouvernements peuvent travailler avec les écoles,

les lieux de travail et les communautés pour promouvoir des relations saines et respectueuses, et pour enseigner aux gens comment résoudre les conflits de manière pacifique.

- **Traitement pour les auteurs de violence :** Les auteurs de violence domestique ont besoin d'une intervention pour mettre fin à leur comportement violent. Les gouvernements peuvent mettre en place des programmes de traitement pour les auteurs de violence domestique, tels que des programmes de counseling ou des groupes de soutien, pour les aider à comprendre les causes profondes de leur comportement violent et à apprendre des alternatives non violentes.

- **Collecte de données et recherche :** Il est important de collecter des données sur les violences domestiques pour comprendre la nature et l'étendue du problème. Les gouvernements peuvent financer des études pour évaluer l'efficacité des programmes de prévention et de traitement, et pour identifier les groupes de population les plus à risque de violence domestique.

- **Coordination et collaboration :** La coordination et la collaboration entre les différents acteurs de la lutte contre les violences domestiques sont essentielles pour maximiser l'efficacité des actions entreprises. Les gouvernements peuvent travailler avec les organisations non gouvernementales et la société civile pour élaborer des stratégies de lutte contre les violences domestiques, coordonner les efforts de prévention et de protection, partager les bonnes pratiques et les ressources, et améliorer la communication et la sensibilisation.

- **Sensibilisation des médias :** Les médias ont un rôle important à jouer pour sensibiliser le public aux violences domestiques et promouvoir une culture de non-violence. Les gouvernements peuvent travailler avec les médias pour promouvoir des campagnes de sensibilisation et des messages de prévention, et pour encourager les médias à adopter des normes éthiques en matière de couverture des violences domestiques.

- **Financement :** Pour lutter efficacement contre les violences domestiques, il est important de disposer de ressources adéquates. Les gouvernements peuvent financer des programmes de prévention, de protection et de traitement, ainsi que des études pour évaluer l'efficacité de ces programmes.

- **Mesures spécifiques pour les groupes vulnérables :** Certains groupes, tels que les femmes, les enfants, les personnes âgées et les personnes handicapées, sont plus vulnérables aux violences domestiques. Il est donc important de mettre en place des mesures spécifiques pour protéger ces groupes, tels que des refuges pour femmes, des programmes de soutien pour les enfants victimes de violences domestiques, des services de protection pour les personnes âgées et les personnes handicapées, et des campagnes de sensibilisation spécifiques pour ces groupes.

En résumé, la lutte contre les violences domestiques nécessite une approche globale et coordonnée, impliquant des mesures de prévention, de protection, de traitement, de sensibilisation et de coordination entre les différents acteurs. Les gouvernements, les organisations non gouvernementales et la société civile ont tous un rôle important à jouer pour lutter contre les violences domestiques et protéger les victimes.

8- Les violences économiques :

Les violences économiques sont des formes de violence qui affectent les individus ou les groupes sur le plan économique, financier ou matériel. Elles peuvent être exercées par des individus, des institutions ou des organisations, et peuvent prendre plusieurs formes, telles que la discrimination, l'exploitation, l'exclusion, la privation, le harcèlement, le chantage, l'intimidation, la coercition, la corruption, la fraude ou le vol.

La violence économique peut se manifester de plusieurs façons. Par exemple, la discrimination économique peut inclure le refus d'emploi, la rémunération inférieure, le plafonnement des opportunités de carrière, ou le refus d'accès à des biens et services en raison de certaines caractéristiques personnelles, comme la race, l'origine ethnique, le genre, l'orientation sexuelle, la religion, l'âge ou le handicap. L'exploitation économique peut inclure l'abus de pouvoir par un employeur, un propriétaire ou un prêteur pour obtenir un gain financier illégal ou injuste aux dépens d'une personne ou d'un groupe, comme le non-paiement des salaires, le travail forcé, le trafic d'êtres humains, ou le prêt usuraire. L'exclusion économique peut inclure l'isolement social et économique d'un individu ou d'un groupe, comme la marginalisation des personnes sans-abri, des immigrés sans papiers, des communautés rurales ou des minorités ethniques. La privation économique peut inclure le manque d'accès à des biens et services de base, tels que la nourriture, l'eau, le logement, les soins de santé ou l'éducation. Le harcèlement économique peut inclure l'utilisation de la menace, de l'intimidation ou de la violence pour obtenir un avantage économique, comme le harcèlement des travailleurs en grève ou des consommateurs qui se plaignent de produits défectueux. Le chantage économique peut inclure la demande de services sexuels ou d'autres faveurs en échange d'un emploi, d'un logement ou d'un prêt. La coercition économique peut inclure la contrainte physique ou la violence pour forcer quelqu'un à travailler, à vendre ou à acheter quelque chose.

La violence économique peut avoir de graves conséquences pour les individus et les communautés. Elle peut entraîner la pauvreté, la précarité, la dépendance, l'insécurité, la malnutrition, la maladie, l'endettement, la criminalité, la toxicomanie, le suicide ou la migration forcée. Elle peut également perpétuer les inégalités économiques, sociales et politiques, renforcer les stéréotypes et les préjugés, et compromettre les droits humains fondamentaux, tels que le droit à un travail décent, à une vie digne, à la liberté et à l'égalité.

La lutte contre la violence économique nécessite une approche globale et coordonnée impliquant tous les acteurs concernés, notamment les gouvernements, les entreprises, les organisations de la société civile, les syndicats et les individus eux-mêmes. Parmi les mesures possibles, on peut citer :

- L'élaboration et l'application de lois et de politiques qui interdisent et sanctionnent la violence économique, ainsi que la promotion de normes et de standards internationaux en la matière.

- La sensibilisation et la formation des individus et des communautés aux droits économiques et sociaux, ainsi qu'aux formes de violence économique et aux recours juridiques et sociaux disponibles.

- La création et le renforcement des institutions et des mécanismes de protection et de soutien aux victimes de la violence économique, tels que les tribunaux, les services sociaux, les centres de conseil et d'assistance, les syndicats et les associations de défense des droits.

- La promotion de l'égalité des chances et de la non-discrimination dans tous les domaines économiques et sociaux, ainsi que la lutte contre les stéréotypes et les préjugés qui alimentent la violence économique.

- La promotion de l'accès aux biens et services de base pour tous, notamment par la redistribution des richesses et des ressources, la protection sociale et l'investissement dans les infrastructures et les services publics.

- La promotion de la transparence et de la responsabilité dans les affaires économiques et financières, ainsi que la lutte contre la corruption et la fraude.

- La promotion du dialogue social et de la participation des travailleurs et des communautés aux processus économiques et décisionnels.

En conclusion, les violences économiques sont un enjeu majeur de justice sociale et de développement durable. Elles affectent des millions de personnes dans le monde et compromettent les droits humains fondamentaux, la dignité et la stabilité. La lutte contre la violence économique nécessite une approche globale, multidimensionnelle et participative, qui implique tous les acteurs concernés et qui promeut les valeurs de l'équité, de la solidarité et de la justice.

a) Les facteurs favorisant les violences économiques :

La violence économique est une forme de violence qui peut prendre de nombreuses formes, notamment la violence financière, la violence économique domestique, la violence économique institutionnelle et la violence économique structurelle. Elle peut être définie comme une forme de violence qui se manifeste par l'utilisation abusive du pouvoir économique pour contrôler, exploiter ou nuire à une personne ou à un groupe.

Il existe de nombreux facteurs qui favorisent la violence économique, notamment la pauvreté, l'inégalité économique, le manque d'accès à l'éducation et à l'emploi, la discrimination de genre, la violence domestique, l'instabilité économique, la corruption, et la mondialisation.

La pauvreté est l'un des facteurs les plus importants qui contribuent à la violence économique. Les personnes qui vivent dans la pauvreté sont souvent plus vulnérables à la violence économique, car elles ont moins d'options et de ressources pour se protéger. Les personnes pauvres peuvent également être contraintes de travailler dans des conditions dangereuses, avec des salaires très bas, ou encore être contraintes d'accepter des conditions de travail abusives.

L'inégalité économique est un autre facteur important qui peut favoriser la violence économique. Lorsque la richesse et le pouvoir économique sont concentrés entre les mains d'une minorité, les personnes qui se trouvent en dehors de ce cercle peuvent être soumises à des formes de violence économique, notamment par le biais de pratiques discriminatoires en matière d'embauche, de promotion ou de salaire.

Le manque d'accès à l'éducation et à l'emploi est également un facteur important qui peut favoriser la violence économique. Les personnes qui n'ont pas accès à l'éducation ou à des opportunités d'emploi sont souvent plus vulnérables à la violence économique, car elles peuvent être contraintes de se tourner vers des emplois dangereux et mal rémunérés pour subvenir à leurs besoins.

La discrimination de genre est un autre facteur important qui peut favoriser la violence économique. Les femmes sont souvent discriminées en matière d'emploi, de salaire et d'avantages sociaux, et peuvent être contraintes de travailler dans des conditions dangereuses ou de subir des formes de violence économique au sein de leur foyer.

La violence domestique peut également favoriser la violence économique, notamment lorsque les partenaires violents utilisent l'argent pour contrôler et dominer leur conjoint. Les partenaires violents peuvent également empêcher leur conjoint de travailler ou de gagner de l'argent, les laissant sans ressources financières pour se protéger ou subvenir à leurs besoins.

L'instabilité économique est un autre facteur important qui peut favoriser la violence économique. Lorsque l'économie est instable, les personnes peuvent être contraintes de travailler dans des emplois précaires et mal rémunérés, ce qui les rend plus vulnérables à la violence économique.

La corruption est également un facteur important qui peut favoriser la violence économique. Les pratiques de corruption peuvent favoriser l'enrichissement personnel de certains individus ou groupes, au détriment de la majorité de la population. Les pratiques de corruption peuvent également favoriser l'attribution de contrats et de marchés publics à des entreprises qui ne respectent pas les règles de sécurité, de santé ou de rémunération des travailleurs, ce qui peut entraîner des situations de violence économique.

Enfin, la mondialisation peut également favoriser la violence économique. Les entreprises multinationales peuvent utiliser leur pouvoir économique pour exploiter les travailleurs et les ressources naturelles dans les pays en développement, sans se soucier des conséquences sociales et environnementales. La mondialisation peut également favoriser la concurrence économique entre les travailleurs, ce qui peut entraîner une baisse des salaires et des conditions de travail, ainsi qu'une augmentation de la violence économique.

En conclusion, la violence économique est un phénomène complexe qui est influencé par de nombreux facteurs. La pauvreté, l'inégalité économique, le manque d'accès à l'éducation et à l'emploi, la discrimination de genre, la violence domestique, l'instabilité économique, la corruption, et la mondialisation sont tous des facteurs qui peuvent favoriser la violence économique. Pour lutter contre la violence économique, il est nécessaire de mettre en place des politiques économiques et sociales qui visent à réduire la pauvreté, l'inégalité et la discrimination, ainsi qu'à promouvoir l'accès à l'éducation et à l'emploi. Il est également important de promouvoir la transparence et la responsabilité dans les pratiques économiques, afin de limiter les pratiques de corruption et d'exploitation.

b) Les conséquences qu'engendrent les violences économiques :

Les violences économiques sont des formes de violence qui se manifestent à travers des pratiques économiques injustes et oppressives. Elles peuvent prendre différentes formes, telles que le harcèlement sur le lieu de travail, la discrimination salariale, l'exploitation des travailleurs, la fraude fiscale, la spéculation financière, la destruction de l'environnement et la privation des ressources économiques de base.

Les conséquences de ces violences économiques sont multiples et peuvent être dévastatrices pour les individus et les communautés touchés. Voici quelques-unes des conséquences les plus courantes:

- **Pauvreté et exclusion sociale :** Les violences économiques peuvent priver les individus et les communautés de leur droit à une vie économique digne, en les excluant du marché de l'emploi et en les privant d'un revenu suffisant pour subvenir à leurs besoins de base. Cela peut entraîner une pauvreté extrême, une marginalisation sociale et une précarité économique.

- **Stress et traumatisme :** Les violences économiques peuvent causer un stress émotionnel et mental important chez les personnes touchées, en raison de l'incertitude financière, des pressions au travail et des inégalités économiques. Cela peut entraîner des problèmes de santé mentale tels que l'anxiété, la dépression, le stress post-traumatique et le burn-out.

- **Inégalités et discrimination :** Les violences économiques peuvent perpétuer les inégalités et la discrimination envers certaines populations, en particulier les femmes, les minorités ethniques, les personnes handicapées et les travailleurs précaires. Cela peut entraver leur accès à l'emploi, à la formation professionnelle et aux opportunités économiques.

- **Instabilité économique et financière :** Les violences économiques peuvent déstabiliser les économies locales et nationales en encourageant la spéculation financière, la corruption et la fraude fiscale. Cela peut entraîner une volatilité financière, une inflation, une récession et une crise économique.

- **Destruction de l'environnement :** Les violences économiques peuvent entraîner une destruction de l'environnement, en raison de pratiques industrielles non durables, de la surexploitation des ressources naturelles et de la pollution. Cela peut affecter la santé des populations locales, la biodiversité et la stabilité climatique.

- **Perte de confiance dans les institutions :** Les violences économiques peuvent éroder la confiance des citoyens dans les institutions et les gouvernements responsables de réguler les pratiques économiques. Cela peut entraîner une perte de légitimité des autorités, une augmentation de la corruption et une polarisation politique.

En conclusion, les violences économiques ont des conséquences graves et durables pour les individus, les communautés et les économies locales et nationales. Il est important de reconnaître et de combattre ces formes de violence pour promouvoir une économie juste, durable et inclusive.

c) **Les mesures à prendre pour lutter contre les violences économiques :**

Pour lutter contre les violences économiques, il est nécessaire de mettre en place des politiques et des pratiques économiques équitables et responsables, qui garantissent l'accès à des emplois décents, un salaire juste, une protection sociale, des opportunités de formation et de développement professionnel, ainsi que la préservation de l'environnement et des ressources naturelles.

Il est également important de promouvoir la responsabilité sociale des entreprises et de renforcer la réglementation et la surveillance des pratiques économiques, afin de prévenir les abus et les comportements irresponsables. Les gouvernements et les institutions internationales peuvent jouer un rôle clé dans la promotion d'une économie juste et durable, en adoptant des politiques fiscales progressives, en soutenant les entreprises sociales et les coopératives, en encourageant l'investissement dans des secteurs durables et en promouvant la participation des citoyens aux processus de prise de décision économique.

Les violences économiques sont des formes de violence qui peuvent prendre plusieurs formes, notamment le harcèlement, la discrimination et l'exploitation économique. Elles touchent souvent les personnes les plus vulnérables, telles que les femmes, les minorités ethniques et les travailleurs précaires. Pour lutter contre ces formes de violence économique, plusieurs mesures peuvent être prises, notamment :

- **Renforcer la législation en matière de protection contre les violences économiques :** les pays doivent adopter des lois qui interdisent explicitement les violences économiques, notamment le harcèlement et la discrimination, et qui prévoient des sanctions pour les auteurs de ces violences.

- **Sensibiliser la population aux violences économiques :** il est important de sensibiliser les personnes aux différentes formes de violences économiques et de leur expliquer comment les repérer et comment y faire face. Les gouvernements, les organisations de la société civile et les médias peuvent jouer un rôle important dans ce domaine.

- **Mettre en place des systèmes de soutien pour les victimes :** les gouvernements et les organisations de la société civile doivent mettre en place des systèmes de soutien pour les victimes de violences économiques. Ces systèmes peuvent inclure des services de conseil, des programmes de formation professionnelle et des aides financières pour les personnes les plus vulnérables.

- **Renforcer les droits des travailleurs :** les gouvernements doivent mettre en place des lois et des réglementations qui protègent les droits des travailleurs, notamment le droit à un salaire juste, le droit à des conditions de travail décentes et le droit à la sécurité au travail. Les syndicats peuvent également jouer un rôle important dans la protection des droits des travailleurs.

- **Encourager l'autonomisation économique des femmes :** les femmes sont souvent les plus touchées par les violences économiques. Il est donc important de mettre en place des politiques qui encouragent leur autonomisation économique, notamment en leur offrant des formations professionnelles, en leur donnant accès à des financements et en promouvant l'égalité des sexes sur le marché du travail.

- **Promouvoir la transparence et la responsabilité des entreprises :** les entreprises doivent être tenues responsables de leurs pratiques économiques. Les gouvernements peuvent mettre en place des lois et des réglementations qui obligent les entreprises à rendre compte de leurs pratiques en matière de travail, de salaires et de conditions de travail, et à prendre des mesures pour corriger les abus éventuels.

- **Encourager la coopération internationale :** les violences économiques sont souvent un problème transnational. Il est donc important de promouvoir la coopération internationale pour lutter contre ces violences. Les gouvernements peuvent travailler ensemble pour mettre en place des normes internationales en matière de droits des travailleurs et de pratiques économiques responsables.

En conclusion, la lutte contre les violences économiques est un défi complexe qui nécessite une approche globale et coordonnée. Les gouvernements, les organisations de la société civile et les entreprises ont tous un rôle à jouer dans la mise en place de mesures efficaces pour lutter contre ces violences. Il est important de renforcer la législation en matière de protection contre les violences économiques, de sensibiliser la population aux différentes formes de violences économiques, de mettre en place des systèmes de soutien pour les victimes, de renforcer les droits des travailleurs, d'encourager l'autonomisation économique des femmes, de promouvoir la transparence et la responsabilité des entreprises et de favoriser la coopération internationale.

Ces mesures ne sont pas exhaustives, mais elles peuvent constituer une base solide pour la lutte contre les violences économiques. Il est important que les gouvernements, les organisations de la société civile et les entreprises travaillent ensemble pour mettre en place des stratégies efficaces pour lutter contre ces violences. En fin de compte, cela contribuera à la création d'un monde plus juste et équitable, où chaque individu peut vivre et travailler en toute sécurité et avec dignité.

III. Le rôle de la masculinité positive dans la lutte contre les violences basées sur le genre

La masculinité positive joue un rôle important dans la lutte contre les violences basées sur le genre. Elle implique de promouvoir une image positive de la masculinité qui ne repose pas sur la domination et la violence envers les femmes, mais plutôt sur des valeurs telles que l'empathie, la responsabilité et l'égalité.

L'une des principales causes des violences basées sur le genre est la construction sociale de la masculinité qui valorise la force, la domination et la violence envers les femmes. Cette construction sociale est renforcée par des normes culturelles et des stéréotypes de genre qui assignent aux hommes le rôle de protecteurs et de pourvoyeurs, tandis que les femmes sont considérées comme faibles et dépendantes. Cela crée une culture de la masculinité toxique qui encourage les comportements violents et oppressifs envers les femmes.

La masculinité positive cherche à rompre avec cette culture en valorisant des comportements et des attitudes positifs, tels que le respect, la communication ouverte et l'empathie. Elle promeut également l'idée que les hommes peuvent être des alliés dans la lutte contre les violences basées sur le genre, en prenant conscience de leurs propres privilèges et en s'engageant activement à promouvoir l'égalité des sexes.

Les programmes de masculinité positive ont été mis en place dans de nombreux pays pour aider les hommes à remettre en question les normes et les comportements toxiques liés à la masculinité. Les programmes incluent souvent des ateliers de sensibilisation, des groupes de discussion, des formations sur la communication non violente, la gestion de la colère et la résolution de conflits. Les participants sont encouragés à réfléchir sur leur propre comportement et à l'impact qu'il peut avoir sur les femmes et les filles de leur entourage. Ils sont également encouragés à soutenir les femmes victimes de violence et à devenir des modèles positifs pour les autres hommes.

Les programmes de masculinité positive ont montré des résultats encourageants en matière de prévention de la violence basée sur le genre. Une étude menée dans plusieurs pays d'Amérique latine a révélé que les hommes ayant participé à des programmes de masculinité positive étaient moins susceptibles de commettre des actes de violence envers leur partenaire ou leur famille. Ils étaient également plus susceptibles de soutenir l'égalité des sexes et de remettre en question les normes de genre toxiques.

La masculinité positive peut également jouer un rôle important dans l'éducation des garçons en matière de respect des femmes et de l'égalité des sexes. Les écoles peuvent mettre en place des programmes qui encouragent les garçons à remettre en question les stéréotypes de genre et à adopter des comportements et des attitudes positifs envers les filles. Les enseignants peuvent également faire preuve de leadership en montrant l'exemple et en promouvant des valeurs positives telles que le respect, l'empathie et l'égalité.

Il est important de noter que la masculinité positive ne doit pas être vue comme une solution unique pour lutter contre les violences basées sur le genre. Elle doit être considérée comme faisant partie d'une approche globale qui inclut également des mesures pour protéger les femmes et les filles, poursuivre les auteurs de violence et sensibiliser le public aux questions de genre et d'égalité.

Il est également important de reconnaître que la masculinité positive n'est pas une solution universelle. Les programmes doivent être adaptés aux contextes culturels et sociaux locaux pour être efficaces. Les approches doivent être inclusives et sensibles à la diversité, en reconnaissant que les expériences et les besoins des hommes et des garçons varient en fonction de leur âge, de leur classe sociale, de leur orientation sexuelle, de leur religion et de leur culture.

Enfin, il est important de souligner que la masculinité positive ne doit pas être utilisée pour blâmer les hommes ou pour minimiser la responsabilité des auteurs de violence. Les hommes qui commettent des actes de violence doivent être tenus responsables de leurs actions et doivent subir des conséquences. La masculinité positive doit plutôt être utilisée comme une stratégie pour prévenir la violence avant qu'elle ne se produise, en encourageant les hommes à adopter des comportements et des attitudes positifs envers les femmes et les filles.

En conclusion, la masculinité positive joue un rôle important dans la lutte contre les violences basées sur le genre en encourageant les hommes à remettre en question les normes et les comportements toxiques liés à la masculinité, en promouvant des comportements et des attitudes positifs et en soutenant l'égalité des sexes. Les programmes de masculinité positive ont montré des résultats encourageants en matière de prévention de la violence basée sur le genre, mais ils doivent être adaptés aux contextes locaux et doivent être considérés comme faisant partie d'une approche globale pour lutter contre les violences basées sur le genre.

a) Comment manifester la masculinité positive :

La masculinité positive est un concept qui met l'accent sur la promotion de comportements sains et positifs chez les hommes, tout en rejetant les attitudes et les comportements toxiques qui peuvent nuire à la santé mentale et physique des hommes, ainsi qu'à leur environnement social. Il existe différentes manières d'appliquer la masculinité positive, dont voici quelques-unes :

- **Encourager l'expression émotionnelle :** Les hommes sont souvent encouragés à réprimer leurs émotions et à adopter une attitude "forte" face à toutes les situations. Cependant, cela peut les amener à souffrir de problèmes de santé mentale tels que la dépression et l'anxiété. La masculinité positive encourage les hommes à s'exprimer émotionnellement et à chercher de l'aide s'ils en ont besoin.

- **Promouvoir la communication :** Les hommes sont souvent décrits comme étant moins communicatifs que les femmes. Pourtant, la communication est essentielle pour maintenir des relations saines et résoudre les problèmes. La masculinité positive encourage les hommes à améliorer leur communication et à être plus ouverts dans leurs relations.

- **Rejeter la violence :** La violence est souvent considérée comme un comportement "masculin" et est utilisée pour résoudre les conflits et affirmer sa supériorité. Cependant, ce comportement est dangereux et peut avoir des conséquences graves. La masculinité positive encourage les hommes à rejeter la violence et à trouver d'autres moyens de résoudre les conflits.

- **Encourager la paternité positive :** Les pères jouent un rôle important dans la vie de leurs enfants. La paternité positive encourage les hommes à être des modèles positifs pour leurs enfants et à être impliqués dans leur vie quotidienne.

- **Promouvoir la santé physique :** Les hommes sont souvent encouragés à adopter des comportements malsains tels que la consommation excessive d'alcool et de tabac, ainsi que l'absence d'activité physique régulière. La masculinité positive encourage les hommes à prendre soin de leur santé physique et à adopter des comportements sains.

- **Promouvoir l'égalité des sexes :** Les comportements sexistes sont souvent considérés comme étant "masculins". Cependant, ces comportements peuvent nuire aux relations et à l'égalité des sexes. La masculinité positive encourage les hommes à promouvoir l'égalité des sexes et à rejeter les comportements sexistes.

- **Promouvoir la diversité :** Les comportements "masculins" sont souvent associés à certains types de corps, de personnalités et de comportements. Cependant, cela peut conduire à l'exclusion des hommes qui ne correspondent pas à ces stéréotypes. La masculinité positive encourage la diversité et la reconnaissance que les hommes peuvent être différents les uns des autres.

- **Encourager la prise de responsabilité :** Les hommes sont souvent encouragés à prendre des risques et à être audacieux, mais cela peut également les amener à éviter les responsabilités et à éviter de faire face aux conséquences de leurs actions. La masculinité positive encourage les hommes à prendre des responsabilités pour leurs actions et à être conscients des conséquences de celles-ci.

- **Encourager l'empathie et la compassion :** Les hommes sont souvent encouragés à être "forts" et à ne pas montrer de faiblesse. Cependant, cela peut les amener à manquer d'empathie et de compassion envers les autres. La masculinité positive encourage les hommes à développer leur capacité d'empathie et de compassion pour les autres.

- **Promouvoir la résilience :** Les hommes sont souvent encouragés à être "durs" et à ne pas montrer de vulnérabilité. Cependant, cela peut les amener à ne pas chercher de l'aide lorsqu'ils en ont besoin. La masculinité positive encourage les hommes à être résilients et à chercher de l'aide lorsqu'ils en ont besoin.

En fin de compte, l'application de la masculinité positive consiste à promouvoir des comportements sains et positifs chez les hommes, tout en rejetant les attitudes et les comportements toxiques qui peuvent nuire à leur santé mentale et physique, ainsi qu'à leur environnement social. Cela implique de promouvoir la communication, l'expression émotionnelle, la paternité positive, l'égalité des sexes, la diversité, la prise de responsabilité, l'empathie et la compassion, ainsi que la résilience. En adoptant ces comportements positifs, les hommes peuvent non seulement améliorer leur propre vie, mais également aider à construire une société plus saine et plus heureuse pour tous.

b) Quels sont les facteurs susceptibles d'entraver la masculinité positive ?

La masculinité positive est un concept qui met en avant les aspects positifs de la masculinité, tels que l'honnêteté, la responsabilité, le respect et l'empathie.

Cependant, il existe plusieurs facteurs qui peuvent empêcher la manifestation de la masculinité positive.

- **Les stéréotypes de genre :** Les stéréotypes de genre ont un impact négatif sur la manifestation de la masculinité positive. Les stéréotypes de genre sont des croyances et des attentes largement répandues sur les caractéristiques, les comportements et les rôles associés aux hommes et aux femmes. Les stéréotypes de genre liés à la masculinité peuvent encourager des comportements négatifs tels que la violence, l'agressivité, la domination et la suppression des émotions.

- **La socialisation masculine :** La socialisation masculine peut également empêcher la manifestation de la masculinité positive. La socialisation consiste en l'apprentissage des normes sociales et des rôles de genre à travers les interactions sociales, les médias et les institutions sociales. Les hommes sont souvent socialisés pour être compétitifs, indépendants, agressifs et pour ne pas montrer leurs émotions. Cette socialisation peut entraver la capacité des hommes à être empathiques, à communiquer efficacement et à exprimer leurs émotions de manière saine.

- **Les pressions sociales :** Les pressions sociales sont un autre facteur qui peut empêcher la manifestation de la masculinité positive. Les hommes peuvent subir des pressions pour se conformer aux normes sociales de la masculinité, ce qui peut les amener à adopter des comportements négatifs tels que la domination, l'agression et la suprématie masculine.

- **Les traumatismes passés :** Les traumatismes passés peuvent également empêcher la manifestation de la masculinité positive. Les hommes qui ont subi des traumatismes tels que des abus sexuels, des violences physiques ou des violences psychologiques peuvent avoir des difficultés à exprimer leurs émotions, à établir des relations saines et à adopter des comportements positifs.

- **La culture du patriarcat :** La culture du patriarcat est un autre facteur qui peut empêcher la manifestation de la masculinité positive. Le patriarcat est un système social dans lequel les hommes ont le pouvoir et le contrôle sur les femmes et les autres hommes. Ce système peut encourager les hommes à adopter des comportements négatifs tels que la domination, l'agression et la suppression des émotions.

- **Les normes toxiques de la virilité :** Les normes de la virilité peuvent empêcher la manifestation de la masculinité positive. Les normes de la virilité sont des croyances culturelles sur ce que signifie être un homme. Ces normes peuvent encourager des comportements négatifs tels que la violence, l'agression, la suprématie masculine, la domination et la suppression des émotions.

- **Les problèmes de santé mentale :** Les problèmes de santé mentale peuvent également empêcher la manifestation de la masculinité positive. Les hommes peuvent souffrir de dépression, d'anxiété, de stress post-traumatique, de troubles alimentaires ou d'autres problèmes de santé mentale. Ces problèmes peuvent entraver la capacité des hommes à exprimer leurs émotions, à communiquer efficacement et à adopter des comportements positifs.

- **Les inégalités de genre :** Les inégalités de genre peuvent également empêcher la manifestation de la masculinité positive. Les inégalités de genre sont des différences systématiques dans les droits, les opportunités et les ressources entre les hommes et les femmes. Les inégalités de genre peuvent encourager les hommes à adopter des comportements négatifs tels que la domination, la suprématie masculine et la discrimination.

- **La pression du groupe :** La pression du groupe peut également empêcher la manifestation de la masculinité positive. Les hommes peuvent subir des pressions de leurs pairs pour adopter des comportements négatifs tels que la violence, l'agression et la suprématie masculine. Cette pression peut les empêcher de manifester des comportements positifs tels que l'empathie, la sensibilité et la communication efficace.

- **Le manque de modèles masculins positifs :** Le manque de modèles masculins positifs peut également empêcher la manifestation de la masculinité positive. Les hommes ont souvent besoin de modèles masculins positifs pour apprendre comment manifester des comportements positifs tels que l'empathie, la communication efficace et la sensibilité. Le manque de modèles masculins positifs peut les empêcher de développer ces compétences.

En résumé, les facteurs qui peuvent empêcher la manifestation de la masculinité positive comprennent les stéréotypes de genre, la socialisation masculine, les pressions sociales, les traumatismes passés, la culture du patriarcat, les normes toxiques de la virilité, les problèmes de santé mentale, les inégalités de genre, la pression du groupe et le manque de modèles masculins positifs. Il est important de prendre en compte ces facteurs pour encourager les hommes à manifester une masculinité positive et à adopter des comportements positifs pour eux-mêmes et pour la société dans son ensemble.

IV.   Le rôle de la famille dans la lutte contre les violences basées sur le genre

La famille joue un rôle crucial dans la lutte contre les violences basées sur le genre. La famille est souvent considérée comme l'unité de base de la société et est donc en mesure d'influencer les attitudes et les comportements des individus qui la composent. En tant que tel, la famille peut jouer un rôle déterminant dans la prévention des violences basées sur le genre et dans la protection des victimes.

Tout d'abord, la famille peut contribuer à l'éducation des enfants et à la prévention de la violence en leur inculquant des valeurs positives et en promouvant le respect mutuel et l'égalité entre les genres. Les parents peuvent aider à sensibiliser leurs enfants aux problèmes de la violence basée sur le genre et à leur apprendre à adopter des comportements non violents. Ils peuvent également enseigner aux enfants l'importance du respect de soi et des autres, ainsi que des valeurs telles que l'honnêteté, l'empathie et la compassion.

En outre, la famille peut aider à la prévention de la violence en offrant à ses membres un environnement sûr et protecteur. Les familles peuvent aider à protéger les membres vulnérables, tels que les enfants et les personnes âgées, contre les violences basées sur le genre en veillant à ce qu'ils aient accès à la nourriture, à l'eau, à l'éducation et à des soins de santé adéquats. Les parents peuvent également aider à protéger leurs enfants en surveillant leur environnement et en étant conscients des signes de violence ou de maltraitance.

En outre, les membres de la famille peuvent aider à la prévention de la violence en étant des modèles de comportement non violent. Les enfants apprennent souvent en imitant les adultes qui les entourent, il est donc important que les membres de la famille montrent l'exemple en adoptant des comportements non violents. Les parents peuvent également aider à prévenir la violence en évitant les conflits violents et en cherchant des solutions pacifiques aux problèmes familiaux.

Enfin, la famille peut jouer un rôle crucial dans la protection des victimes de violence basée sur le genre. Les membres de la famille peuvent aider à protéger les victimes en étant à l'écoute, en les soutenant et en les encourageant à chercher de l'aide. Ils peuvent également aider les victimes à trouver des ressources, telles que des refuges pour femmes ou des services de conseil, qui peuvent les aider à surmonter les effets de la violence.

Cependant, il est important de noter que la famille peut également être un lieu où la violence basée sur le genre se produit. Dans certains cas, les membres de la famille peuvent être les auteurs de la violence. Dans de tels cas, il est important que la famille prenne des mesures pour mettre fin à la violence et pour protéger les victimes. Cela peut impliquer de chercher de l'aide auprès de professionnels, tels que des travailleurs sociaux, des conseillers ou des avocats.

Enfin, la famille peut également jouer un rôle important dans la sensibilisation et la lutte contre la violence basée sur le genre au niveau communautaire. Les membres de la famille peuvent soutenir des organisations qui travaillent à la prévention de la violence basée sur le genre, en faisant des dons ou en participant à des actions de sensibilisation. Ils peuvent également discuter de ces questions avec leurs amis, leurs voisins et leurs collègues, en contribuant ainsi à une sensibilisation accrue et à une mobilisation communautaire contre la violence.

En conclusion, la famille peut jouer un rôle crucial dans la lutte contre les violences basées sur le genre. Elle peut contribuer à l'éducation et à la prévention de la violence, offrir un environnement sûr et protecteur, être un modèle de comportement non violent et aider à protéger les victimes de la violence. Cependant, il est important de noter que la famille peut également être un lieu où la violence basée sur le genre se produit, et il est alors important de chercher de l'aide auprès de professionnels pour y mettre fin. En fin de compte, la lutte contre la violence basée sur le genre nécessite l'implication de l'ensemble de la société, y compris la famille, pour créer un environnement sûr, équitable et respectueux pour tous.

V. Le rôle du gouvernement dans la lutte contre les violences basées sur le genre

Le rôle du gouvernement dans la lutte contre les violences basées sur le genre est crucial. Les gouvernements ont la responsabilité de protéger les droits humains de toutes les personnes, y compris le droit à la sécurité et à l'intégrité physique. Ils ont également la responsabilité de promouvoir l'égalité des sexes et de lutter contre toutes les formes de discrimination fondées sur le sexe ou le genre.

Pour atteindre ces objectifs, les gouvernements peuvent mettre en place un certain nombre de mesures. Tout d'abord, ils peuvent élaborer et mettre en œuvre des lois et des politiques qui protègent les droits des personnes victimes de violences basées sur le genre. Ces lois peuvent inclure des lois sur la violence domestique, des lois sur le harcèlement sexuel, des lois sur la traite des êtres humains et des lois sur les mutilations génitales féminines. Les politiques peuvent inclure des programmes de prévention de la violence, des services de soutien pour les survivantes et les survivants de violence, et des programmes de sensibilisation pour lutter contre les stéréotypes sexistes.

Les gouvernements peuvent également soutenir les organisations de la société civile qui travaillent à la prévention des violences basées sur le genre. Ces organisations peuvent inclure des groupes de femmes, des groupes de défense des droits humains et des organisations communautaires. Les gouvernements peuvent fournir un financement pour ces organisations, ainsi que des formations et des ressources pour renforcer leur capacité à travailler efficacement.

Les gouvernements peuvent également travailler à renforcer les capacités des professionnels qui sont en contact avec les personnes victimes de violences basées sur le genre. Cela peut inclure des professionnels de la santé, des travailleurs sociaux, des policiers et des juges. Les gouvernements peuvent élaborer des programmes de formation pour ces professionnels afin qu'ils soient mieux équipés pour identifier les signes de violence basée sur le genre et pour offrir un soutien adéquat aux personnes victimes de violences.

Enfin, les gouvernements peuvent travailler à sensibiliser le public aux violences basées sur le genre et à promouvoir l'égalité des sexes. Cela peut inclure des campagnes de sensibilisation, des programmes éducatifs dans les écoles et les universités, et des initiatives pour lutter contre les stéréotypes sexistes dans les médias et la publicité.

En résumé, le rôle du gouvernement dans la lutte contre les violences basées sur le genre est complexe et multiple. Les gouvernements peuvent utiliser une combinaison de mesures législatives, politiques et de sensibilisation pour prévenir et éliminer ces violences. Cependant, des défis importants subsistent dans la mise en œuvre et l'application de ces mesures, notamment en raison de la persistance de normes sociales et de stéréotypes sexistes qui sous-tendent les violences basées sur le genre.

De plus, les gouvernements doivent prendre en compte les contextes culturels, sociaux et économiques dans lesquels les violences basées sur le genre se produisent. Par exemple, les violences liées à la dot ou à l'excision peuvent être liées à des traditions culturelles spécifiques, tandis que la violence domestique peut être exacerbée par des inégalités économiques et des pressions financières.

En fin de compte, la lutte contre les violences basées sur le genre exige une approche holistique et intersectorielle, qui implique la collaboration de différents acteurs, y compris le gouvernement, la société civile, les médias et le secteur privé. Les gouvernements ont un rôle crucial à jouer dans la coordination de ces efforts et dans la mobilisation des ressources nécessaires pour prévenir et éliminer les violences basées sur le genre.

VI. Le rôle de l'église dans la lutte contre les violences basées sur le genre

La question de la violence basée sur le genre est un problème global qui touche toutes les sociétés, cultures et religions. Les églises ont un rôle important à jouer dans la lutte contre ce fléau, car elles ont une grande influence sur les croyants et sur la société en général. Dans cet article, je vais explorer le rôle que doit jouer l'église dans la lutte contre les violences basées sur le genre.

Tout d'abord, l'église doit reconnaître que la violence basée sur le genre est un problème réel et grave. Cela implique de sensibiliser les fidèles à l'existence et à la gravité de ce problème, ainsi qu'à leur propre responsabilité dans la lutte contre cette violence. En outre, l'église doit reconnaître que la violence basée sur le genre peut avoir des racines culturelles, sociales et historiques complexes et qu'il est important de les comprendre pour pouvoir lutter efficacement contre ce problème.

Ensuite, l'église doit fournir des espaces sûrs et de soutien pour les survivants de la violence basée sur le genre. Cela peut inclure des services de conseil et de soutien, des groupes de soutien pour les survivants, ainsi que des programmes de prévention et de sensibilisation. L'église doit également veiller à ce que les victimes de la violence basée sur le genre soient traitées avec compassion et dignité, et qu'elles reçoivent le soutien nécessaire pour se remettre de leur expérience.

En outre, l'église doit éduquer les fidèles sur les questions de genre, de sexualité et de relations saines. Cela peut aider à prévenir la violence basée sur le genre en encourageant la communication, la compréhension et le respect mutuel entre les sexes. En outre, l'église doit examiner de manière critique les enseignements traditionnels et les pratiques qui peuvent contribuer à la violence basée sur le genre, et travailler à les corriger.

L'église doit également utiliser sa voix et son influence pour plaider en faveur de politiques et de lois qui protègent les femmes et les filles contre la violence basée sur le genre. Cela peut inclure des politiques pour renforcer les lois sur la violence domestique, l'exploitation sexuelle et les mutilations génitales féminines. De plus, l'église doit travailler en partenariat avec d'autres organisations et groupes communautaires pour renforcer la réponse globale à la violence basée sur le genre.

Enfin, l'église doit travailler à promouvoir l'égalité de genre et l'autonomisation des femmes et des filles. Cela peut inclure la promotion de l'éducation des filles, l'accès équitable à l'emploi et à l'entrepreneuriat, ainsi que la promotion de la participation des femmes dans la prise de décision politique et économique. En outre, l'église doit travailler à changer les attitudes et les comportements qui perpétuent la discrimination et la violence basées sur le genre.

En conclusion, l'église a un rôle important à jouer dans la lutte contre les violences basées sur le genre. Elle doit reconnaître l'existence du problème, fournir un soutien aux survivants, éduquer les fidèles sur les questions de genre, plaider en faveur de politiques et de lois protectrices, travailler en partenariat avec d'autres organisations pour renforcer la réponse globale, et promouvoir l'égalité de genre et l'autonomisation des femmes et des filles.

Cependant, il est important de noter que l'église elle-même peut être confrontée à des défis en matière de violence basée sur le genre, notamment en ce qui concerne les abus sexuels commis par des membres du clergé. Pour être efficace dans la lutte contre la violence basée sur le genre, l'église doit donc également travailler à éliminer ces comportements préjudiciables et à renforcer la responsabilité et la transparence.

En fin de compte, l'église peut jouer un rôle important dans la lutte contre les violences basées sur le genre en sensibilisant les fidèles, en fournissant un soutien aux survivants, en éduquant sur les questions de genre, en plaidant en faveur de politiques et de lois protectrices, en travaillant en partenariat avec d'autres organisations, et en promouvant l'égalité de genre et l'autonomisation des femmes et des filles. Cela nécessite un engagement fort et soutenu de la part de l'église et de ses dirigeants, ainsi que la volonté de travailler en partenariat avec d'autres acteurs pour mettre fin à la violence basée sur le genre.

VII. Le rôle de la société civile dans la lutte contre les violences basées sur le genre

La lutte contre les violences basées sur le genre est une responsabilité collective qui doit impliquer tous les acteurs de la société. La société civile, en tant que composante essentielle de la société, peut jouer un rôle clé dans la lutte contre les violences basées sur le genre. Dans cet article, nous allons examiner le rôle que peut jouer la société civile dans la lutte contre les violences basées sur le genre.

La société civile est un ensemble de personnes et d'organisations qui se mobilisent pour défendre des causes, des intérêts et des droits communs. Elle est composée d'organisations non gouvernementales, d'associations, de syndicats, de groupes de femmes, de jeunes, de personnes LGBTI, de personnes en situation de handicap, de personnes issues de minorités ethniques, religieuses ou linguistiques, etc.

La société civile peut jouer un rôle important dans la lutte contre les violences basées sur le genre en sensibilisant l'opinion publique sur l'ampleur et la gravité de ce phénomène, en plaidant pour l'adoption de politiques publiques et de lois favorables aux victimes de violences basées sur le genre, en offrant des services de soutien aux victimes et en exigeant des comptes aux institutions responsables de la sécurité et de la justice.

La sensibilisation de l'opinion publique est une étape cruciale dans la lutte contre les violences basées sur le genre. La société civile peut organiser des campagnes de sensibilisation pour informer la population sur les différentes formes de violences basées sur le genre, leurs conséquences sur les victimes et sur la société, ainsi que sur les lois et les politiques qui existent pour protéger les victimes. Ces campagnes peuvent se faire sous différentes formes : manifestations, marches, conférences, ateliers, débats, etc.

La société civile peut également plaider pour l'adoption de politiques publiques et de lois qui protègent les victimes de violences basées sur le genre et sanctionnent les auteurs de ces violences. Elle peut, par exemple, demander l'adoption de lois qui criminalisent les violences sexuelles, domestiques et basées sur le genre, et qui reconnaissent le viol conjugal comme un crime. Elle peut également demander la mise en place de politiques publiques qui garantissent l'accès des victimes à la justice, à des services de santé, à des logements sûrs et à des moyens de subsistance.

La société civile peut offrir des services de soutien aux victimes de violences basées sur le genre, tels que des centres d'accueil, des services de conseil et de soutien psychologique, des services juridiques et de protection, ainsi que des programmes de réinsertion sociale et professionnelle. Ces services peuvent être offerts par des organisations non gouvernementales, des associations de femmes, des groupes de jeunes, des organisations religieuses, etc.

Enfin, la société civile peut exiger des comptes aux institutions responsables de la sécurité et de la justice. Elle peut surveiller les activités des forces de sécurité et des tribunaux pour s'assurer qu'ils enquêtent sur les cas de violences basées sur le genre, qu'ils poursuivent les auteurs de ces violences et qu'ils offrent des réparations aux victimes. Elle peut également demander des comptes aux gouvernements qui ne prennent pas des mesures adéquates pour lutter contre les violences basées sur le genre.

En somme, la société civile peut jouer un rôle clé dans la lutte contre les violences basées sur le genre en sensibilisant l'opinion publique, en plaidant pour l'adoption de politiques publiques et de lois favorables aux victimes, en offrant des services de soutien aux victimes et en exigeant des comptes aux institutions responsables de la sécurité et de la justice. Pour cela, la société civile doit s'organiser, se mobiliser et travailler en partenariat avec les gouvernements, les organisations internationales, les médias et les entreprises pour mettre fin aux violences basées sur le genre et pour promouvoir l'égalité des genres.

VIII. Prévenir les violences basées sur le genre

La prévention des violences basées sur le genre est un enjeu crucial dans le monde entier. Les violences basées sur le genre sont des actes de violence perpétrés contre une personne en raison de son sexe ou de son genre. Les victimes de ces violences sont majoritairement des femmes, mais les hommes peuvent également en être victimes. Ces actes de violence peuvent prendre de nombreuses formes, telles que les violences physiques, les violences sexuelles, les mariages forcés, les mutilations génitales féminines, le harcèlement, la traite des êtres humains, etc.

Les violences basées sur le genre sont une violation des droits humains et ont des conséquences graves pour les victimes et leurs communautés. Les conséquences peuvent inclure des blessures physiques et psychologiques, la perte de l'estime de soi, la stigmatisation, la discrimination, la pauvreté, etc. Par conséquent, la prévention de ces violences est essentielle pour garantir la sécurité, la dignité et les droits de toutes les personnes, quel que soit leur genre.

Dans cet article, je vais décrire les différentes approches de prévention des violences basées sur le genre et fournir des exemples de stratégies efficaces.

1- Éducation et sensibilisation

L'éducation et la sensibilisation sont essentielles pour prévenir les violences basées sur le genre. Les programmes éducatifs peuvent inclure des informations sur les droits humains, l'égalité des sexes, les relations saines, la communication, la résolution pacifique des conflits, etc. Ces programmes peuvent être dispensés dans les écoles, les communautés et les lieux de travail.

Les campagnes de sensibilisation peuvent également être efficaces pour sensibiliser le public aux conséquences des violences basées sur le genre et aux moyens de les prévenir. Les campagnes peuvent être menées par des organisations de la société civile, des gouvernements, des médias, etc. Les campagnes peuvent inclure des messages destinés aux victimes pour qu'elles sachent comment signaler les violences et où trouver de l'aide.

2- Renforcement des lois et des politiques

Le renforcement des lois et des politiques est une étape importante pour prévenir les violences basées sur le genre. Les gouvernements peuvent adopter des lois qui criminalisent les violences basées sur le genre et les punissent sévèrement. Les politiques peuvent également être mises en place pour protéger les victimes, notamment en leur fournissant des services de santé et de soutien psychologique.

Il est également important de garantir l'application effective des lois et des politiques. Les gouvernements doivent investir dans la formation des agents de police et des juges sur la manière de traiter les cas de violences basées sur le genre. Les gouvernements peuvent également mettre en place des mécanismes de surveillance pour s'assurer que les lois sont appliquées de manière équitable.

3- Renforcement des capacités des acteurs de terrain

Les acteurs de terrain tels que les travailleurs sociaux, les professionnels de la santé, les enseignants, les chefs religieux, les leaders communautaires, etc., jouent un rôle important dans la prévention des violences basées sur le genre. Il est important de renforcer leurs capacités pour qu'ils soient en mesure de détecter les signes de violences basées sur le genre et de fournir un soutien adéquat aux victimes.

Les formations peuvent inclure des informations sur la manière de détecter les signes de violences basées sur le genre, de fournir un soutien psychosocial aux victimes, de les orienter vers les services appropriés, etc. Les formations peuvent également inclure des informations sur l'égalité des sexes, la diversité culturelle, la non-discrimination, etc.

Il est également important de sensibiliser les acteurs de terrain aux conséquences des violences basées sur le genre et à l'importance de prévenir ces violences. Les gouvernements, les organisations de la société civile et les partenaires internationaux peuvent fournir des financements pour renforcer les capacités des acteurs de terrain.

4- Autonomisation économique des femmes

L'autonomisation économique des femmes peut également aider à prévenir les violences basées sur le genre. Les femmes qui ont un accès égal aux opportunités économiques ont moins de risques de subir des violences basées sur le genre. Les programmes d'autonomisation économique peuvent inclure des formations sur l'entrepreneuriat, l'accès aux financements, la formation professionnelle, etc.

Les programmes d'autonomisation économique peuvent également inclure des mesures pour lutter contre la discrimination salariale, pour encourager la participation des femmes dans des secteurs non traditionnels, etc. Les gouvernements peuvent également adopter des politiques pour protéger les droits des travailleuses, notamment en garantissant l'accès aux congés de maternité, aux soins de santé, etc.

5- Lutte contre les stéréotypes de genre

Les stéréotypes de genre peuvent contribuer à perpétuer les violences basées sur le genre. Il est important de lutter contre les stéréotypes de genre en encourageant une éducation inclusive, en promouvant l'égalité des sexes, en encourageant la participation des femmes dans des secteurs traditionnellement masculins, en promouvant la représentation des femmes dans les médias, etc.

Les gouvernements peuvent adopter des politiques pour encourager la participation des femmes dans la politique et la prise de décision. Les organisations de la société civile peuvent également mener des campagnes de sensibilisation pour lutter contre les stéréotypes de genre.

En conclusion, la prévention des violences basées sur le genre est un enjeu complexe qui nécessite une approche globale et coordonnée. Les approches décrites ci-dessus peuvent contribuer à prévenir les violences basées sur le genre, mais il est important de souligner que chaque contexte est différent et nécessite des stratégies adaptées. Les gouvernements, les organisations de la société civile, les partenaires internationaux et les communautés doivent travailler ensemble pour prévenir les violences basées sur le genre.

Il est également important de reconnaître que la prévention des violences basées sur le genre ne se limite pas à la prévention des actes de violence. Il est également important de promouvoir l'égalité des sexes, de lutter contre la discrimination et la stigmatisation, de promouvoir l'autonomisation économique des femmes, de garantir l'accès à l'éducation et aux soins de santé, etc. Toutes ces mesures contribuent à créer une société plus juste et plus égalitaire, où les violences basées sur le genre sont moins susceptibles de se produire.

Enfin, il est important de souligner que la prévention des violences basées sur le genre est une responsabilité collective. Chacun de nous a un rôle à jouer pour promouvoir l'égalité des sexes, lutter contre les stéréotypes de genre, signaler les violences basées sur le genre, soutenir les victimes, etc. Ensemble, nous pouvons travailler pour créer un monde plus sûr et plus égalitaire pour tous, quel que soit leur genre.

PARTIE 2 :
ÉYANO

IX.   CONTEXTE

Le Congo, communément appelé Congo-Brazzaville ou République du Congo sous sa forme longue, est un pays d'Afrique centrale, situé de part et d'autre de l'équateur. Ses voisins sont le Gabon, le Cameroun, la République centrafricaine, la République démocratique du Congo de laquelle il est séparé en partie par le fleuve Congo puis l'Oubangui et le Cabinda (Angola). Le pays s'étend sur 1.300 km du nord au sud, de l'océan atlantique à la frontière centrafricaine. La République du Congo est fréquemment appelée Congo-Brazzaville pour la distinguer de l'autre Congo, officiellement appelée République démocratique du Congo, aussi appelée Congo-Kinshasa. Elle a également porté le nom de République populaire du Congo de 1969 à 1992.

Au cours de ces trois dernières décennies, les questions de promotion de la femme et celles relatives aux inégalités de genre ont gagné beaucoup d'importance auprès des tribunes consacrées au développement. Plusieurs conférences régionales et mondiales ont été organisées avec comme objectif de remodeler la vision sur les conditions de vie des femmes, les relations de pouvoir entre les hommes et les femmes et le respect équitable des droits humains dont les droits des femmes sont une partie intégrante.

La République du Congo compte une population de 5.790.208 habitants, dont 49% de femmes, la plus grande concentration démographique se trouvant à Brazzaville, capitale politique de la République du Congo. Dans le premier rapport de l'UNICEF sur les violences en milieu scolaire, datant du 20 Novembre 2020, à l'occasion de la journée mondiale de l'enfance, il est signifié que plus de sept élèves sur dix au Congo, subissent des violences dans les écoles et en ligne. Selon un rapport récent d'UNICEF Congo, 37% des élèves sont victimes de violences physiques en milieu scolaire et 33% des élèves sont victimes de violences sexuelles. Une analyse faite, atteste que 80% des femmes prostituées ont été des enfants abusées. Il sied de noter l'ampleur des violences sexuelles sur les mineurs et les adolescents, en milieu familial où les enfants sont abusés sexuellement par différents membres de leurs familles à savoir cousins, frères, personnels de maisons, pères, oncles, etc. Le Congo n'ayant pas été épargné par la pandémie à Corona virus qui a occasionné un confinement de Mars à Mai 2020, a vu accroître le taux des violences conjugales. Les restrictions à la mobilité, l'isolement accru, le stress et l'incertitude économique, ont provoqué une flambée alarmante de la violence domestique et exposé les femmes et les filles à d'autres formes de violence telles que le mariage d'enfants et le harcèlement sexuel en ligne. Ces cas de violences conjugales ont engendré une montée de délinquance de type juvénile. On peut citer le phénomène « bébés noirs » apparu à Brazzaville et s'étant déployé sur l'ensemble du territoire. Il s'agit des jeunes âgés de 12 à 25 ans désœuvrés, déscolarisés ou pas, munis d'armes blanches et semant la terreur en commettant agressions, viols, vols et assassinats. Ces actes engendrent des traumatismes directs sur les victimes, leurs familles et la société.

Ainsi, on constate chez les victimes, un déni occasionné par un réel manque d'information sur leurs droits ainsi que l'accès à la prise en charge psychosociale ; ce qui occasionne des troubles tels que : une introversion subite, la baisse sinon le manque d'estime de soi, le sentiment de honte, l'anxiété, le décrochage scolaire, les échecs à répétition, le suicide, les grossesses précoces, le stress post-traumatique, l'hyper vigilance, la dépression, les troubles obsessionnels du comportement, les comportements alimentaires perturbés, etc.

De janvier au 30 Aout 2021, les guichets uniques de l'ONG Azur Développement ont enregistré trois cent cinquante cas de violences toutes catégories. Le guichet unique de Brazzaville, a enregistré cinquante huit cas de violences dont vingt, d'abus sexuels, d'après le journal les dépêches de Brazzaville, du 06 Septembre 2021. Au niveau des tribunaux de grandes instances, aucune plainte déposée n'a obtenu satisfaction.

Des propos recueillis de jeunes filles suivies et accompagnées par l'ONG Autel de la Restauration, dénonçant des viols perpétrés par les pères biologiques des victimes, ayant engendré pour la plupart des grossesses incestueuses, interpellent fortement la société sur le danger que courent nombreux enfants dans des foyers dysfonctionnels. Les victimes réduites au silence et traumatisées, sont contraintes au déni, étouffant ainsi leurs cris, douleurs, peines, souffrances au nom d'un pseudo honneur familial, soutenant que c'est une honte de dire que l'on a été abusé sexuellement ; au cas contraire, de manière subtile, la victime sera traitée non pas comme l'innocente qu'elle est mais désormais comme une coupable, pour avoir dénoncé ce fléau qui sévit de maison en maison, de communauté en communauté et de génération en génération. À ce propos, l'auteure **Aïchatou Djibrilia BOPAKA** dit dans son livre Le puzzle de la restauration tome 1 : guérir des blessures de l'âme pour jouir pleinement de sa destinée « *Je me sentais plus en sécurité hors de la maison, qu'à la maison : ma mère s'assurait que nous y restions, pour ne pas avoir à trainer avec les autres enfants du quartier qu'elle jugeait de moralité douteuse, en espérant nous préserver du danger, sans se douter que le mal avait élu domicile sa maison.* »

La directrice exécutive de l'ONU Femmes, **Phumzile Mlambo-Ngcuka** a déclaré lors de la journée internationale pour l'élimination de la violence à l'égard des femmes, célébrée le 25 novembre 2020 : «*Si je pouvais faire exaucer un vœu, ce serait de supprimer totalement le viol* ». « *Le viol n'est pas un acte isolé. Il endommage la chair et se répercute dans la mémoire. Il peut avoir des résultats qui changent la vie, des résultats non choisis: une grossesse ou une maladie transmise* », a expliqué **Mlambo-Ngcuka**, ajoutant que les conséquences d'un acte ponctuel peuvent s'étendre à des effets néfastes à long terme. «*Il s'agit d'un effet* *durable et dévastateur qui touche d'autres personnes : la famille, les amis, les partenaires et les collègues »*, a-t-elle poursuivi.

Une enquête faite par le magazine LETUDIANTMAG.CG, au sein de l'Université Marien Ngouabi, atteste que 31% des étudiantes ont été victimes du harcèlement sexuel et se sont vues être proposées d'obtenir ce qui est appelé dans le jargon estudiantin, « notes sexuellement transmissibles », auxquelles si les victimes s'opposent, courent le risque de ne pas passer en classe supérieure, pour ne pas avoir accepté les propositions indécentes de leurs bourreaux. Et dans ces cas, le plus souvent, les victimes ne savent pas vers qui se tourner pour dénoncer ces actes, ni la procédure à suivre pour se faire entendre et obtenir justice. Les auteurs ne sont pour la plupart du temps pas embêtés et réitèrent leurs actes auprès d'autres victimes. Un autre problème qui se pose à ce niveau, ce sont les textes d'application qui ne suivent généralement pas l'adoption des lois et leur promulgation.

Les cas de violences perpétrées par les responsables des différents organismes religieux au Congo Brazzaville, vont en s'accroissant. Cet endroit où les enfants sont sensés être encadrés, protégés, éduqués selon les principes divins, s'est malheureusement trouvé être pour certains, un cercle infernal, un supplice qui ne dit pas son nom. Différents cas de viols sur mineurs et adultes ont été enregistrés ces dernières années. La plus récente déclaration médiatisée a été faite par **Poussy NSANGOU KOUZANGUISSA**, victime de violences sexuelles par un Abbé de la ville de Pointe-Noire. La victime relate comment son bourreau l'eut drogué et abusé de lui, par la suite.

Face à ce déferlement de violence, **ÉYANO** , se veut être un acteur du changement en mettant la lumière sur les raisons profondes du manque d'engagement, d'évolution et d'épanouissement socioprofessionnel des victimes de VBG, afin de pouvoir éventuellement y remédier.

L'accent sera mis sur le renforcement des mesures de sensibilisation de la population sur le danger que représentent les violences basées sur le genre comprenant les violences physiques, verbales, sexuelles, psychologiques, émotionnelles, domestiques, économiques et conjugales, tout en apportant aux victimes, un accompagnement post traumatique à travers une prise en charge holistique.

X.   DESCRIPTION ET JUSTIFICATION

En raison de l'échec de la majorité des projets de formations professionnelles observé en République du Congo, se soldant malheureusement par un non engagement des apprenantes, une nonchalance, l'instabilité professionnelle au terme de ces formations, des difficultés à l'autonomisation, le manque d'emploi faute de mauvais rapports avec autrui, et dans certains cas l'oisiveté, la prostitution malgré l'effectivité des formations, le verdict étant sans appel et accusant les blessures intérieures engendrées par les violences sexuelles, psychologiques, émotionnelles, physiques et conjugales, amenant les victimes à se replier sur elles-mêmes devenant hostiles à la guérison, le projet de lutte contre les violences basées sur le genre « **ÉYANO** », a pour but de mettre en lumière la source de ses maux invisibles et muettes, afin de l'éradiquer. Ce projet comportera trois volets distincts mais complémentaires.

-   Le premier volet consistera à œuvrer à la prévention des VBG et à la prise en charge holistique des victimes de violences basées sur le genre, pour leurs autonomisations psychologique et émotionnelle et leur réinsertion sociale.
-   Le deuxième volet consistera à l'autonomisation économique et celle professionnelle des survivantes à travers les formations qui leur seront dispensées en coiffure, maquillage

professionnel, soins esthétiques, cosmétologie, décoration événementielle et d'intérieur.

- Le troisième volet consistera à mettre à la disposition des victimes de violences susmentionnées, en situation de rue, mises à la porte et/ou menacées de déguerpissement, en danger de mort, etc., un foyer d'accueil, sur une période donnée, dans quel cadre elles pourront éventuellement guérir des leurs blessures du passé, avec l'aide conséquente des professionnels de la santé mentale, le temps pour elle de se reconstruire, après quoi, elle pourront se reprendre en main, étant dorénavant émotionnellement et professionnellement stables.

N.B : Cette étude se focalise exclusivement sur le premier volet.

Les victimes vivent pour la plupart dans le déni, ayant choisi d'enfouir ces blessures au tréfonds de leurs âmes, dans l'espoir que cela leur fasse oublier leurs peines, alors que se produit plutôt l'effet inverse. La solution ne se situant pas dans un prétendu oubli de son passé en en faisant abstraction, mais dans un processus qui implique au préalable une prise de conscience, donc l'acceptation de son histoire, ces blessures encore béantes du fait de ne pas avoir été traitées dans le passé, ignorées et étouffées, l'accent étant mis ailleurs, s'aggravent et créent des dégâts dans chaque domaine des vies des victimes. Alors, les former professionnellement sans préalablement se pencher sur la question de leur autonomisation psychologique et émotionnelle, apparait comme éteindre à droite, un incendie survenu à gauche. Le problème devant donc être traité depuis la racine, il nécessite que la victime soit suivie et accompagnée par des professionnels de la santé mentale, de sorte à faire une rétrospective de son passé, dans le but de comprendre celui-ci, de rectifier son présent et de préparer efficacement son futur, en devenant désormais responsable de chacune des facettes de sa vie.

Si nous insistons particulièrement sur l'autonomisation émotionnelle et psychologique des victimes pour leur réinsertion sociale, c'est dans le but de les amener à comprendre leurs histoires en les aidant à retourner dans leur passé pour identifier la source de leurs maux, de sorte à les traiter depuis la racine, les soigner, afin qu'elles guérissent de chacune des blessures de leur passé qui les empêchent de s'épanouir émotionnellement, socialement et professionnellement.

Après quoi, nous projetons pour la suite du projet, de former les survivantes en coiffure, soins esthétiques, maquillage professionnel, cosmétologie, décoration événementielle et d'intérieur, pour leur réinsertion économique, en vue de les autonomiser économiquement et professionnellement.

Conscients donc du fait que nous serons confrontés à des victimes en situation de rue, mises à la porte et/ou menacés de déguerpissement par leurs bourreaux, cherchant à se reconstruire dans un milieu adapté, dans l'optique de proposer des solutions à long-terme, nous projetons d'acquérir pour le compte du Projet **ÉYANO**, un foyer qui abritera enfants, jeunes filles et femmes en situation de rue, victimes de violences physique, émotionnelle, psychologique, conjugale et sexuelle, afin de leur donner un toit sûr et sécurisé, dans quel cadre elles pourront éventuellement guérir de leurs blessures intérieures et voir leurs âmes être restaurées, à travers une prise en charge holistique.

XI. VIOLENCE BASÉE SUR LE GENRE : FORMES ET TYPES (de manière globale)

Les VBG peuvent revêtir de nombreuses formes différentes.

La communauté internationale des secteurs de l'humanitaire, du développement, des droits humains et de la sécurité utilise divers acronymes, typologies et définitions.

Pour les besoins du présent Cadre, les acteurs humanitaires utilisent principalement l'outil de classification du Système de gestion des informations sur la violence basée sur le genre (VBGIMS) pour la prestation de services liés à la violence basée sur le genre.

Cet outil classifie les cas de VBG selon six principales catégories d'actes préjudiciables :

• Viol ;

• Agression sexuelle ;

• Agression physique ;

• Mariage forcé ;

• Déni de ressources, de possibilités ou de services ;

• Violence psychologique ou émotionnelle.

Les principales catégories susmentionnées englobent :

- Enlèvement,
- Agression sexuelle,
- Appropriation de l'argent, du travail ou d'autres ressources,
- Mutilations génitales féminines/ excision (MGF/E)
- Pratiques traditionnelles néfastes,
- Viol,
- Violence émotionnelle,
- Mariage forcé/ précoce,
- Prostitution forcée,
- Relations sexuelles forcées,
- Violence sexuelle liée aux conflits,
- Contraception forcée,
- Traite d'êtres humains à des fins sexuelles,
- Crime d'honneur,
- Harcèlement sexuel,
- Violence économique,
- Violence au sein du couple,
- Abus sexuel,
- Préférence pour les fils,
- Abandon,
- Violence domestique,
- Adultère,
- Déni de ressources, de possibilités ou de services,
- Atteinte à l'harmonie spirituelle,
- Infanticide et avortement sélectif des filles,
- Exploitation sexuelle.

Dans cette typologie, chaque acte de VBG est considéré comme un acte préjudiciable indépendant. L'accent est mis sur l'acte préjudiciable en lui-même plutôt que sur l'auteur ou sur le contexte dans lequel l'acte a été commis. Elle s'avère utile sur le plan programmatique, car elle se concentre avant tout sur le préjudice subi par le ou la survivant(e). Le préjudice englobe aussi bien la menace, que les conséquences ou l'incidence des VBG et plusieurs personnes peuvent être affectées différemment par la même forme de VBG. Les interventions de l'ONG Autel de la restauration doivent contribuer à remédier au préjudice en lui-même, à le minimiser ou à l'éviter. Néanmoins, la réussite de ce projet repose également sur une bonne compréhension des moteurs et des schémas de préjudice, des facteurs ayant contribué à la survenue du préjudice et des différents environnements et contextes dans lesquels le préjudice a été commis et l'/les auteur(s) est/sont impliqué(s), en particulier lors des phases de conception et de mise en œuvre du projet.

Les interventions de l'ONG Autel de la restauration se concentrent sur les préjudices subis afin de surmonter certains des obstacles dus aux limitations de telle ou telle typologie des VBG. Par exemple, l'Outil de classification du VBGIMS uniformise et compartimente les actes de VBG, ce qui permet de collecter des données comparables du point de vue statistique. Toutefois, un seul acte de violence basée sur le genre entraîne fréquemment plusieurs préjudices pour un ou une survivant(e), qui sont souvent interdépendants, l'un des préjudices en entraînant un autre.

Ainsi, un acte de traite d'êtres humains à des fins sexuelles peut être classé comme viol ou violence sexuelle, mais les circonstances de la violence, telles que le fait d'être trompé et contraint, doivent aussi être prises en compte. De même, un acte de violence au sein du couple peut être considéré comme une violence physique, sans pour autant tenir compte des éventuels autres actes de violence qui l'accompagnent, tels que le déni de ressources ou la violence psychologique, et du fait que l'auteur de l'acte est le partenaire du/de la survivant(e). Bien qu'il soit important de classifier les actes de violence dans ces six principales catégories afin d'étayer la prestation de services, il est aussi primordial d'analyser et de comprendre quels sont les facteurs, les schémas et l'/les auteur(s) des actes de violence. Quelle que soit la catégorie de VBG, la violence (que ce soit la menace de violence, la contrainte ou la violence en elle-même) est utilisée dans le but de subordonner, d'affaiblir, de punir ou de contrôler. Le sexe de l'auteur et du/de la survivant(e) joue un rôle essentiel pour comprendre la forme de violence perpétrée, mais aussi la manière dont la société les tolère ou y répond. Cela détermine notamment si la survivante ou le survivant de VBG sera en mesure ou aura la volonté de demander de l'aide, de chercher du soutien ou d'obtenir justice.

Enfin, les difficultés rencontrées dans le choix d'une typologie spécifique sont dues au fait que les termes et définitions varient considérablement à l'échelle locale.

Souvent, le langage utilisé pour faire référence aux différentes formes de VBG est « codé » (par exemple, « il m'a insulté(e) » pourrait faire référence, entre autres, à une violence émotionnelle ou à un déni des droits ou des ressources ; et « il m'a sali(e) » pourrait aller de la transgression d'une norme sociale à la violence physique). La définition des formes de violence est propre à chaque culture et peut ne pas être conforme aux typologies des VBG définies au niveau international.

XII. De quelle manière ÉYANO s'inscrit-il dans les politiques nationales, régionales et internationales en matière d'égalité femmes-hommes ?

Les femmes, elles aussi, actrices du développement durable et du bon fonctionnement des sociétés ou dans les pays en sortie de crise, des négociations de paix et de la reconstruction, leur représentation dans toutes les instances de décision doit être garantie. L'histoire démontre la place réservée jadis à la femme congolaise, comme fondatrice et défenseuse de la société. Le rôle donné à la femme dans l'émergence des royaumes du Congo ancien méridional est remarquable. Au Congo indépendant, le manque de représentation significative de la femme au sein des gouvernements, en particulier au niveau de l'exécutif et du législatif, limite leur influence sur la gestion des affaires et sur les politiques publiques. L'inégalité et la disparité entre les hommes et les femmes demeurent frappantes et pourtant le pays a adhéré à de nombreux instruments internationaux instaurant l'égalité femmes - hommes, parmi lesquels :

-   Un protocole d'accord pour faire des enquêtes sur la problématique et offrir une prise en charge psychologique pour les victimes de violences sexuelles entre le FNUAP, le Gouvernement à travers la Direction Générale de la Population, et l'UNICEF ;

- Élaboration et mise en œuvre d'un « Plan National des Activités Génératrices de Revenus » en vue d'appuyer et d'accompagner les personnes vulnérables en leur octroyant des crédits et du matériel nécessaire pour leur autonomisation par le Ministère de la Promotion de la Femme et de l'Intégration de la Femme au Développement ;
- Le Conseil consultatif de la femme chargé d'émettre des avis sur la condition de la femme et de faire au Gouvernement des suggestions visant à promouvoir l'intégration de la femme au développement ;
- La République du Congo a signé avec les Nations Unies un plan cadre des Nations Unies pour l'Aide au Développement (UNDAF) pour la période 2014–2018, assorti d'un Plan de Travail Annuel (PTA) en 2016 sur le projet « d'Appui au Genre, leadership féminin et prévention du VIH/SIDA ». Ce plan a été signé le 4 mars 2016 entre le ministère de la promotion de la femme et de l'intégration de la femme au développement et le Programme des Nations Unies pour le Développement (PNUD).

Malgré l'existence du cadre juridique de mécanismes institutionnels mis en place pour rendre effective l'instauration de l'égalité femmes - hommes au Congo et des avancées notoires, il existe encore, dans divers domaines, de nombreux obstacles qui freinent l'atteinte de cet objectif.

Concernant les violences basées sur le genre en République du Congo, le Code pénal sanctionne plusieurs formes de violences à l'encontre des femmes, y compris les violences sexuelles commises lors des conflits armés. Aujourd'hui, au Congo, de nombreuses structures travaillent pour la lutte contre les violences sexuelles, dans les domaines de la prévention, de la collecte de données et/ou de la prise en charge médicale, psychologique, juridique, judiciaire et socio-économique. Entre autres :

-   Projet « Prévention et Réponses aux violences basées sur le genre », après la signature le 25 octobre 2016, d'un accord de partenariat avec le FNUAP pour la lutte contre les violences basées sur le genre ;
-   Formation en 2015 à Pointe-Noire, de six cent (600) agents de la force publique sur les violences et les inégalités de genre ;
-   Formation à Brazzaville, de quatre-vingt (80) animateurs des unités de prise en charge des victimes et trente-cinq (35) personnes relevant des services de la police, des affaires sociales, de la santé et de la justice ont été également formés ;
-   Création d'une brigade féminine du littoral composée de onze (11) femmes à Pointe-Noire ;
-   Dotation d'outils informatiques (ordinateurs) et supports de reportage (caméra, appareils photo) et d'enregistrement des cas (registres), aux Commissariats de Brazzaville.

L'on observe également l'absence d'un plan national de lutte contre les violences faites aux femmes et aux filles, avec des indicateurs précis. Cependant, les agresseurs sont rarement condamnés, pour des raisons liées avant tout au système judiciaire, comme les nombreux règlements à l'amiable et le coût prohibitif du dépôt de plainte et de suivi du dossier. Les ONG de défense des droits humains se constituent aussi partie civile pour les victimes. Cependant, aucune de ces structures n'offrent les services d'un avocat, ce qui est indispensable pour l'aboutissement des plaintes. De manière générale, l'accès à la justice est un droit transversal qui se retrouve dans un certain nombre de textes juridiques. L'égalité devant la justice est un droit fondamental assuré par la constitution congolaise.

En effet, dans son Titre II sur les droits et les libertés fondamentaux, il est précisé dans l'article 8 de la constitution que « tous les citoyens sont égaux devant la loi, sans discrimination fondée sur l'origine, la situation sociale ou matérielle, l'appartenance raciale et ethnique ou départementale, le sexe, l'instruction, la langue, la religion, la philosophie ou le lieu de résidence, sous réserve des [certaines] dispositions. La femme a les mêmes droits que l'homme ». Les femmes congolaises ont difficilement accès à la justice pour faire valoir leurs droits, notamment en raison du manque d'information sur leurs droits et les lois qui les protègent, des coûts des procédures et de l'éloignement des cours et des tribunaux. Les textes et lois ne sont pas souvent appliqués en raison de la lenteur des procédures judiciaires et l'ignorance des détenteurs de droits (les survivantes).

L'on espère par ailleurs un changement éventuel, avec la promulgation de la récente loi Mouebara portant lutte contre les violences faites aux femmes en République du Congo, du 4 mai 2022. Les violences énumérées sont diverses et concernent des viols sexuels, des menaces ou agressions verbales, des mauvais traitements infligés aux veuves, etc. Ladite loi réprimande surtout les cas où ces dernières sont dépossédées du patrimoine (mobilier ou actifs financiers) laissé par leurs défunts époux. En ce qui concerne les sanctions, la loi prévoit des amendes corsées et des sanctions disciplinaires sévères allant jusqu'à vingt ans de prison ferme, à l'encontre de tous ceux ou celles qui tomberont dans les différentes formes de violences à l'endroit des femmes et des filles. Cependant, ladite loi est considérée par plusieurs congolais comme une possible entrave au droit au mariage, encourageant l'adultère, dans son article 70 « *Est puni d'un emprisonnement d'un (1) à trois (3) ans et d'une amende de 200 000 à 2 000 000, quiconque, sans motif légitime, aura expulsé sa conjointe ou sa concubine du foyer conjugal ou aura refusé de l'y ramener. La peine est portée au double en cas de récidive* », dispose ledit article.

En République du Congo, le droit coutumier, particulièrement discriminatoire à l'égard des femmes, subsiste en parallèle du droit statutaire. Ce dernier comprend également plusieurs dispositions discriminatoires, notamment au sein du Code de la famille et du Code pénal. La République du Congo a ratifié de nombreux traités régionaux et internationaux dont le Pacte international relatif aux droits économiques, sociaux et culturels : le Pacte international relatif aux droits civils et politiques, la Convention sur les droits de l'enfant, la Convention contre la torture, le

Statut de Rome de la CPI, la Charte africaine des droits de l'homme et des peuples, etc. Malgré ces différentes ratifications, la plupart des lois de mise en œuvre de ces instruments, n'existent pas.

L'éducation étant un levier essentiel pour prévenir les idées, les comportements et les violences sexistes dès le plus jeune âge, les institutions, publiques et privées, devraient intégrer dans toutes les disciplines et tous les niveaux d'enseignements, des programmes spécifiques à l'éducation aux droits humains des femmes, à l'égalité, à la non-discrimination et à la non-violence. La violence étant synonyme de domination, d'absence de la communication et la non-violence étant synonyme de la force du dialogue, de la communication, de l'argumentation et l'acceptation du différent.

Parce que la violence tue, parce qu'elle a un coût et qu'elle laisse des séquelles sur les femmes, les enfants et toute la société, parce que l'avenir de demain bâtira sur les acquis d'aujourd'hui, les mesures suivantes devraient être prises :

-   Renforcer les lois et politiques pour lutter contre les violences à l'égard des femmes, et notamment: adopter une loi spécifique interdisant toutes les formes de violences faites aux femmes, y compris les violences domestiques et le viol conjugal;
-   Éliminer les obstacles à l'éducation des filles et des femmes, notamment: en assurant le maintien des filles dans le système éducatif ;

- Assurer l'accès des femmes à la santé, y compris aux services de soins obstétriques et de planification familiale ;
- Promouvoir la participation équitable des femmes en tenant compte des femmes vulnérables, des jeunes femmes et des filles dans les instances de prises de décisions, des mécanismes de prévention et de règlement pacifique des conflits ;
- Vulgariser les textes juridiques qui garantissent les droits des femmes ;
- Lutter contre la persistance des violences et surtout l'impunité des auteurs des violations des droits des femmes.

Les violences basées sur le genre sont des atteintes graves aux droits de la personne et entravent la jouissance de l'égalité, la sécurité, la liberté, l'intégrité et la dignité. Prendre des mesures pour mettre fin à ces violences, ne peut concerner un intervenant plus qu'un autre. Toute mesure favorisant l'égalité, la reconnaissance des droits humains pour chaque individu, le respect des libertés publiques et individuelles, la justice, la paix et la sécurité des êtres humains ne peut que consolider cette démarche.

XIII. PRÉSENTATION D'ÉYANO

ÉYANO est un terme lingala dont la traduction française est **RÉPONSE** ou **SOLUTION**. La solution pour lutter contre les violences basées sur le genre en République du Congo, baptisé « **ÉYANO** », comportera trois volets distincts mais complémentaires.

- Le premier volet consistera à œuvrer à la prévention des VBG et à la prise en charge holistique des victimes de violences basées sur le genre, pour leurs autonomisations psychologique et émotionnelle et leur réinsertion sociale.
- Le deuxième volet consistera à l'autonomisation économique et celle professionnelle des survivantes, à travers les formations qui leur seront dispensées en coiffure, maquillage professionnel, soins esthétiques, cosmétologie, décoration événementielle et d'intérieur.
- Le troisième volet consistera à mettre à la disposition des victimes de violences susmentionnées, en situation de rue, mises à la porte et/ou menacées de déguerpissement, en danger de mort, etc., un foyer chaleureux et sécurisant, dans quel cadre elles pourront éventuellement guérir des leurs blessures du passé, avec l'aide conséquente des professionnels de la santé mentale.

Dans sa mise en œuvre, plusieurs acteurs seront mis à contributions tels que les OSC agissant dans le même champ d'actions. Des survivantes, des clubs d'époux, les responsables des communautés (chefs de blocs, chefs de quartiers, leaders religieux et associatifs), des responsables d'écoles et d'universités comme acteurs de changement, pour encourager les communautés à adopter des attitudes respectueuses et promotrices de l'égalité des sexes et de la masculinité positive.

XIV. OBJECTIFS

a) Objectif global du premier volet :

Œuvrer à la prévention des VBG et à la prise en charge holistique des victimes de violences basées sur le genre, pour leurs autonomisations psychologique et émotionnelle et leur réinsertion sociale.

b) Objectifs spécifiques :

De façon spécifique, le projet vise à :

- Prévenir et sensibiliser la population sur les VBG en milieux familial, scolaire, estudiantin, religieux et administratif, dans la ville de Brazzaville ;
- Renforcer le pouvoir et la résilience des survivant(e)s ainsi que des parents des survivant(e)s mineur(e)s à travers une prise en charge holistique;
- Renforcer l'efficacité de la coordination nationale afin de permettre aux acteurs impliqués dans la lutte contre les VBG de mettre en place des stratégies de prévention et de réponse aux VGB ;
- Sensibiliser la population congolaise sur le danger que représentent les blessures intérieures, sur comment et pourquoi il est urgent d'en guérir ;
- Permettre une approche en douceur qui favorisera l'expression des survivantes et

éventuellement la guérison de leurs blessures intérieures ainsi que la restauration de leurs âmes.

XV.   RÉSULTATS ATTENDUS

Les résultats escomptés pour ce projet, sont les suivants:

- Les communautés ciblées sont informées sur les mécanismes légaux et judiciaires mis en place pour leur protection et adoptent des attitudes et des normes socioculturelles qui soutiennent l'égalité entre les sexes et la lutte contre les VBG ;
- Des mécanismes communautaires de prévention, d'alerte, de référencement et protection contre les VBG sont mis en place et fonctionnels au niveau local ;
- Un mécanisme de prévention, d'alerte et de référencement des victimes des VBG à travers une ligne verte, est fonctionnel pour l'ensemble du pays ;
- Les organisations et collectifs des femmes sont renforcés dans leur rôle d'actrices de l'alerte, la prévention et la réponse aux VBG ainsi que dans la coordination de la lutte contre les VBG ;
- Les survivant(e)s de VSBG bénéficient d'une assistance intégrée et multisectorielle (médicale, psychosociale, juridique/judiciaire, réinsertion sociale) coordonnée et fondée sur les droits et l'égalité des sexes ;
- Les services et les mécanismes institutionnels de prise en charge intégrée et multisectorielle (CISM) sont mis en place et/ou consolidés et opérationnels ;

- La population congolaise est informée sur cette autre forme de blessure minimisée et méconnue que sont les blessures intérieures, et porte dorénavant un regard nouveau sur la santé mentale, autrefois considérée comme une science occidentale, mesurant son impact dans les vies des victimes ;
- Les survivantes désormais conscientes des causes de certains aspects de leurs vies, engendrés par les blessures du passé, comprennent désormais leurs présents engendrés par ces évènements, décident de les rectifier sur la base des connaissances acquises et préparent efficacement leurs futurs. Elles reprennent goût à la vie et sont émotionnellement stables ;
- La société congolaise est sensibilisée sur les conséquences des VBG ainsi que la procédure à suivre pour la prise en charge des victimes et la possibilité de guérison effective des blessures intérieures ;
- Les survivantes sont dorénavant émotionnellement et psychologiquement épanouies, devenant ainsi des solutions, enclins à apporter à leur tour des réponses aux problèmes de la société, sont prêtes à repartir sur de nouvelles bases, désormais aguerries, sereines et responsables de chacune des facettes de leurs vies ;
- Les capacités d'entrepreneuriat et d'autonomisation professionnels des survivantes

sont renforcées, pouvant dorénavant se projeter dans l'avenir et donner de nouvelles directions à leurs vies.

XVI.   ACTIVITÉS PRÉVUES

Nos activités principales seront les suivantes:

- Organisation des campagnes de prévention et de sensibilisation de masses, à travers les propagandes de sensibilisation intitulées « TOBONGOLA BIZALELI », par les moyens de la télévision, de la radio, des réseaux sociaux via des spots publicitaires, panneaux d'affichage, mais aussi dans les différents quartiers, avec la collaboration des leaders communautaires et des jeunes desdites communautés, dans les neuf (9) arrondissements de la ville de Brazzaville, à raison de cinq (5) jeunes par arrondissement par le biais des mégaphones et animations socioculturelles pour l'éveil des consciences ;
- Organisation des tables rondes pour promouvoir l'engagement positif des leaders communautaires en faveur de la masculinité positive et de l'égalité entre les sexes ;
- Organisation des séances de discussions sur les mécanismes communautaires de prévention, de référencement et de gestion des VBG ;
- Conception et production des supports de communication pour le changement de comportement en faveur de l'égalité des sexes et de lutte contre les VBG ;

- Les circuits de référencement seront produits et affichés dans les écoles, les espaces des jeunes ainsi que les structures communautaires telles que les marchés, les organismes religieux, etc. ;
- Conduite d'une étude sur l'utilisation du langage dans la société, les médias et la communication publique en République du Congo, permettant de travailler sur les facteurs déterminants influençant ce langage ;
- Renforcement des capacités des survivant(e)s à devenir acteurs / actrices de changement dans la prévention et la réponse aux VBG par l'organisation de séance de coaching sur la prévention des VBG ;
- Appui à la mise en place et au fonctionnement des mécanismes communautaires de prévention, alerte, référencement, protection des survivant(e)s des cas de VBG ;
- Renforcement des capacités des structures et associations communautaires chargées de la prévention, alerte, référencement, protection des survivant(e)s des cas de VBG ;
- Appui à la vulgarisation du plan d'action national contre les mariages précoces ;
- Conduite d'une étude sur l'utilisation du langage dans la société, les médias et la communication publique en République du Congo, permettant de travailler sur les facteurs déterminants influençant ce langage.
- Appui à la mise en place et au fonctionnement des mécanismes communautaires de prévention,

alerte, référencement, protection des survivant(e)s des cas de VBG ;

- Renforcement des capacités des structures et associations communautaires chargées de la prévention, alerte, référencement, protection des survivant(e)s des cas de VBG ;
- Appui à la vulgarisation du plan d'action contre les mariages précoces.
- Renforcement du mécanisme d'alerte précoce des réseaux de protection communautaires ;
- Conduite d'une étude sur l'utilisation du langage dans la société, les médias et la communication publique en République du Congo, permettant de travailler sur les facteurs déterminants influençant ce langage ;
- Mise en place d'un call center ;
- Recrutement de trois télé-conseillers au call-center, pour la gestion des appels, le référencement, l'enregistrement, l'orientation, l'assistance, l'accompagnement et le suivi des cas de VBG ;
- Formation des télé-conseillers du call center sur les thématiques suivantes :

a) Introduction aux notions générales sur les VBG ;

b) Principes directeurs en matière de lutte contre les violences basées sur le genre ;

c) Les services de prise en charge des VBG et le mécanisme de référencement ;

d) La gestion des cas de VBG particulièrement les EAS des mineurs ;

e) Les pré requis pour la gestion des cas à distance ;

f) Comment gérer les appels de crise : ce chapitre couvre les principes directeurs pour répondre aux appels de crise ;

e) Profils et types de personnes qui appelleront et une liste de contrôle des choses prêtes avant de prendre un appel ;

- Organisation des formations à l'endroit des organisations féminines engagées dans la lutte contre les VBG au niveau de la prévention et de la prise en charge ;
- Formation des collectifs et organisations aux NTIC afin de favoriser la sensibilisation, la diffusion et le partage des messages, informations, expériences et alertes contre les VBG ;
- Appui aux activités d'échanges entre les pairs (peer to peer exchanges) au niveau des collectifs dans la lutte contre les VBG.
- Appui aux collectifs et organisations féminines dans la mise en œuvre d'un plaidoyer continu et cohérent pour l'amélioration du cadre légal et de la prise en charge ;
- Renforcement des capacités des organisations féminines afin de garantir leur participation effective aux réunions de coordination de la lutte contre les VBG.
- Renforcement des capacités techniques et opérationnelles des cliniques juridiques afin

d'apporter un accompagnement juridique de qualité aux survivant(e)s de VBG référé(e)s dans les CISM et dans d'autres structures de prise en charge ;

- Appui au fonctionnement des Bureaux de Consultations Gratuites pour une assistance judiciaire gratuite de qualité aux survivant(e)s de VBG ;
- Dotation/Approvisionnement des structures médicales en intrants et médicaments pour la gestion clinique des cas de VBG ;
- Appui à la vulgarisation des protocoles nationaux multisectoriels de prise en charge des survivants (es) de VBG ;
- Renforcement des capacités techniques et opérationnelles des cliniques juridiques afin d'apporter un accompagnement juridique de qualité aux survivant(e)s de VBG référé(e)s dans les CISM et dans d'autres structures de prise en charge ;
- Appui au fonctionnement des Bureaux de Consultations Gratuites pour une assistance judiciaire gratuite de qualité aux survivant(e)s de VBG ;
- Dotation/Approvisionnement des structures médicales en intrants et médicaments pour la gestion clinique des cas de VBG ;
- Appui à la vulgarisation des protocoles nationaux multisectoriels de prise en charge des survivants (es) de VBG ;

- Appui aux formations sanitaires pour la prise en charge psychosociale des cas de VBG ;
- Appui à la réparation des cas de fistules recto-vésico-vaginales ;
  Soutien aux efforts des parents et renforcement de leurs capacités pour la rescolarisation et formation professionnelle des survivant(e)s mineur(e)s des VSBG ;
- Plaidoyer en faveur de l'exécution des réparations judiciaires en faveur des survivant(e)s de VBG comme élément de reconnaissance et de reconstruction ;
- Approvisionnement des centres de prise en charge médicaux des cas de VBG, en kits post viol ;
- Appui à la mise en place et/ou au renforcement des capacités des structures d'appui à la réinsertion sociale des bénéficiaires du Projet ;
- Plaidoyer auprès des différents Ministères suivants : Ministère de la Justice, des Droits Humains et de la Promotion des Peuples Autochtones ; Ministère de la Santé et de la Population ; Ministère de l'Enseignement Préscolaire, primaire, Secondaire et de l'Alphabétisation ;Ministère de l'Enseignement Technique et Professionnel ; Ministère des Affaires Sociale et de l'Action Humanitaire ; Ministère de la Promotion de la Femme et de l'Intégration de la Femme au Développement ; Ministère de la Sécurité et de l'Ordre Public ; Ministère de l'Enseignement Supérieur, de la

Recherche Scientifique et de l'Innovation Technologique, pour l'élaboration et la mise en œuvre des politiques en faveur de la rescolarisation des mineurs survivant(e)s de VSBG ;

- Organisation des séminaires et des conférences pour permettre à la population d'être informée sur les cinq blessures de l'âme qui empêchent d'être soi-même, leurs différentes causes et les solutions y palliatives ;

- Réalisation des micros-trottoirs à travers la ville de Brazzaville, posant des questions aux passants sur les blessures intérieures dans le but de leur apporter des réponses ensuite, afin de les diffuser sur les réseaux sociaux, dans le cadre de la sensibilisation à cet effet ;

- Montage d'une mini-série explicite concernant les blessures de l'âme causées par les VBG et sa diffusion sur les chaînes nationales, afin de sensibiliser la population, sur leur portée ;

- Mise en place des « safe spaces » ou « espaces sûrs », et viables, de discussions, de partages d'expériences, d'écoute, de questions-réponses, afin de permettre aux victimes de s'informer, de faire entendre leurs voix, pour éventuellement guérir des traumatismes causés par les Violences Basées sur le Genre (VBG), dont elles ont été victimes ; et les activités de remise en forme physique ;

- Suivi individuel de qualité, pour chacun (e) des survivants (es) des VBG, à l'aide de fiches individuelles de suivi, dans le cadre du projet pour leur accompagnement dans le processus de guérison et de restauration de leurs âmes ;

- Mise en place des ateliers de renforcement de capacités intellectuelles en faveur des survivants (es), au terme de leur prise en charge holistique.

ANNEXE I : GLOSSAIRE

TERME	DÉFINITION
Atténuation (des risques de VBG)	L'atténuation désigne les mesures prises pour limiter les risques d'exposition à la violence basée sur le genre (p. ex., en veillant à l'instauration immédiate de stratégies de réduction des risques lorsque des lieux dangereux sont signalés, en mettant en place un éclairage suffisant et des patrouilles de sécurité dès la création de camps de personnes déplacées).
Auteur	Personne, groupe ou institution infligeant directement ou soutenant par tout autre moyen la violence ou les abus infligés à quelqu'un contre son gré.
Autonomisation	Processus permettant à des êtres humains d'exercer un contrôle plus important sur les décisions, les ressources, les politiques, les processus et les institutions qui affectent leur vie. Il vise à développer les capacités des individus et des communautés afin de leur permettre de faire des choix éclairés et d'agir en leur propre nom. Ce processus s'appuie sur une approche ascendante, au contraire de la protection, qui se base souvent sur une approche descendante.
Catastrophe	Ce terme désigne une grave interruption du fonctionnement d'une communauté ou d'une société, quelle que soit son échelle, due à l'association de phénomènes dangereux et de conditions liées à l'exposition, la vulnérabilité et les capacités et causant un ou plusieurs des effets suivants : pertes ou répercussions humaines, matérielles, économiques et environnementales.
Confidentialité	Principe éthique régissant une réponse appropriée au signalement d'un cas de VBG. C'est une question de sécurité, de confiance et de responsabilisation. La confidentialité est liée au droit des individus de décider à qui ils veulent, ou non, raconter leur histoire. Le respect de la confidentialité interdit la divulgation d'informations à un tiers sans le consentement éclairé de la personne concernée. Toute information écrite est conservée dans des dossiers sécurisés et seuls des renseignements non identificatoires sont consignés dans les dossiers médicaux ou sociaux. Le respect de la confidentialité en cas de VBG signifie que tout membre du personnel amené à entrer en contact avec le ou la survivant(e) ne doit

	jamais discuter des détails du cas avec sa famille ou ses amis ni avec ses collègues qui n'ont pas à connaître ces abus. Il existe des limites de confidentialité lorsqu'il est question d'enfants ou de personnes exprimant leur intention de se faire du mal ou de blesser quelqu'un d'autre.
Consentement/ consentement éclairé	Pour déterminer si un acte est commis contre le gré de quelqu'un, il est important d'examiner la question du consentement. Le consentement éclairé est donné librement. Il est fondé sur une appréciation et une compréhension claires des faits, des répercussions et des conséquences futures d'un acte. Pour donner son consentement éclairé, la personne concernée doit disposer de tous les éléments pertinents au moment de signifier son accord et être en mesure d'évaluer et de comprendre les conséquences d'un acte. Elle doit également être informée de son droit de s'abstenir d'agir ou de ne pas y être contrainte (par la force ou sous la menace) et avoir la possibilité d'exercer ce droit. Les enfants sont en général considérés comme incapables de donner leur consentement éclairé, parce qu'ils n'ont pas la capacité ou la maturité requise pour anticiper les implications d'un acte et qu'ils ne comprennent pas ou n'ont pas les moyens d'exercer leur droit de refus. Il existe également des circonstances dans lesquelles il est impossible d'obtenir le consentement en raison de troubles cognitifs ou du développement ou d'autres déficiences physiques ou sensorielles.
Continuum de la violence	Cadre qui considère la VBG non comme un phénomène isolé et spontané, mais plutôt comme une partie d'un schéma plus large de la violence, engendré par un déséquilibre des relations de pouvoir entre les genres. Même si le degré de violence peut varier selon ce continuum, les différents actes de violence ont comme toile de fond des relations de pouvoir basées sur le genre et doivent ainsi être analysés et traités en conséquence.
Crise migratoire	Les crises migratoires désignent les flux migratoires et les schémas de mobilité complexes et souvent massifs engendrés par une crise, qui placent généralement les personnes et les communautés touchées dans un état de grande vulnérabilité et posent des problèmes de gestion des migrations aigus et de longue durée. Une crise migratoire peut survenir brusquement ou s'installer progressivement, découler de facteurs naturels ou d'actions humaines, et se dérouler dans les limites d'un territoire national ou transcender les frontières.
Discrimination	Ce terme fait référence à toute distinction, exclusion, restriction ou préférence basée notamment sur la race, la couleur, le sexe, la langue, la religion, les opinions politiques ou autres, l'origine nationale ou sociale, la fortune, la naissance ou toute autre situation, et ayant pour effet ou pour but de compromettre ou de détruire la reconnaissance, la jouissance ou l'exercice par tous, dans des conditions d'égalité, de l'ensemble des droits de l'homme et des libertés fondamentales.
	L'égalité des sexes, ou l'égalité entre les femmes et les hommes, fait référence à l'exercice égal par les femmes, filles, hommes et garçons des

Égalité des sexes	droits, possibilités, ressources et récompenses. L'égalité ne signifie pas que les femmes, les hommes, les filles et les garçons sont identiques, mais que l'exercice de leurs droits, possibilités et chances n'est pas régi ou limité par leur genre.
Équité entre les sexes	Ce terme désigne la répartition juste et équitable des avantages et des responsabilités entre les femmes et les hommes en fonction de leurs besoins respectifs. Elle est considérée comme une partie du processus visant à atteindre une égalité des genres pour ce qui est des droits, des prestations, des obligations et des possibilités.
Genre	Le genre fait référence aux différences imposées par la société entre les femmes et les hommes et aux relations entre eux, ainsi qu'au sein de chaque groupe ; et ce, tout au long de leurs vies. Celui-ci diffère en fonction du contexte et de l'époque et change au fil du temps, au sein d'une même culture et entre les différentes cultures. Le genre, tout comme la tranche d'âge, l'orientation sexuelle et l'identité de genre, détermine les rôles, les responsabilités, le niveau de pouvoir et l'accès aux ressources de chacun. Ces derniers sont également influencés par d'autres facteurs de diversité, tels que le handicap, la classe sociale, la race, la caste, l'origine ethnique, l'appartenance religieuse, la richesse économique, le statut marital, le statut migratoire, le fait d'être déplacé ou non et le milieu urbain ou rural.
Groupe vulnérable	Selon le contexte, ce terme renvoie à un groupe social ou un secteur de la société (p. ex., enfants, personnes âgées ; personnes handicapées ; minorités ethniques ou religieuses ; migrants, en particulier ceux en situation irrégulière ; personnes de sexe, d'orientation sexuelle et d'identité de genre différents) exposé à un risque accru de discrimination, de violence, d'inégalités sociales ou de difficultés économiques par rapport aux autres groupes du même État. Ces groupes sont également plus exposés en période de conflit, de crise ou de catastrophe.
Intégration transversale de l'égalité des sexes	Processus visant à évaluer les implications pour les femmes et les hommes migrants de toute action planifiée, y compris la législation, les politiques ou les projets, avec pour objectif final d'atteindre l'égalité des sexes. C'est une stratégie d'intégration des préoccupations et des expériences des hommes et des femmes en tant que partie intégrante de la conception, de la mise en œuvre, du suivi et de l'évaluation des politiques et projets dans l'ensemble des sphères politiques, économiques et sociétales, afin que les femmes et les hommes en tirent parti sur une base d'égalité et que les inégalités ne se perpétuent pas.
	Cette stratégie consiste à : 1) Intégrer des mesures pour éviter la survenue de la VBG, atténuer les risques de VBG et répondre aux besoins des survivant(e)s de la VBG dans toutes les politiques et activités d'une organisation ; 2) S'assurer que des mesures de lutte contre la VBG sont prises à tous les stades d'une crise ; et

Intégration transversale de la VBG	3) Promouvoir les droits de l'homme. Elle donne une place centrale aux interventions de lutte contre la VBG, quel que soit le stade du cycle des projets d'action humanitaire, et s'assure que les problèmes de VBG ne sont pas ignorés ou considérés comme accessoires ou optionnels. L'intégration transversale permet de minimiser les cas où le risque de VBG est involontairement aggravé lorsque les questions liées à la dynamique de genre ou à la protection ne sont pas prises en compte dans la conception et la mise en œuvre des projets.
Intersection nalité	L'Intersectionnalité désigne un cadre analytique permettant de comprendre de quelles manières les systèmes de pouvoir imbriqués, tels que ceux régissant la race, le genre, l'identité sexuelle et la classe, se chevauchent et s'entrecoupent pour accorder des privilèges uniques à certains et marginaliser d'autres personnes ou groupes.
Migration	Ce terme fait référence au déplacement d'une personne ou d'un groupe de personnes, à l'intérieur ou à l'extérieur du territoire d'un État. La notion de migration englobe tous les types de mouvements de population impliquant un changement du lieu de résidence habituelle, à partir du moment où aucun retour imminent n'est envisagé ou possible au moment du déplacement.
Ne pas nuire	Selon le principe de « ne pas nuire », les organisations humanitaires doivent s'efforcer de « minimiser le tort qu'elles pourraient causer par inadvertance, du fait de leur présence ou de l'assistance qu'elles fournissent ». Ces répercussions négatives involontaires sont parfois importantes et extrêmement complexes. Les acteurs humanitaires peuvent réaffirmer ce principe dans leurs interventions liées à la violence basée sur le genre en mettant l'accent sur l'approche basée sur les droits de l'homme, l'approche axée sur les survivant(e)s, l'approche communautaire et l'approche systémique.
Non discriminatio n (principe de)	Ce principe oblige les États (et les acteurs de la crise) à ne faire preuve d'aucune discrimination à l'égard de quelque personne que ce soit. Ce terme fait référence à toute distinction, exclusion, restriction ou préférence basée notamment sur la race, la couleur, le sexe, la langue, la religion, les opinions politiques ou autres, l'origine nationale ou sociale, la fortune, la naissance ou toute autre situation, et ayant pour effet ou pour but de compromettre ou de détruire la reconnaissance, la jouissance ou l'exercice par tous, dans des conditions d'égalité, de l'ensemble des droits de l'homme et des libertés fondamentales. Dans le contexte des interventions de lutte contre la VBG, la non discrimination signifie que toutes les interventions de lutte contre la VBG seront conçues de sorte à garantir l'accès aux soins et à l'assistance, ainsi que des prestations d'un même niveau de qualité, pour toutes les personnes souhaitant obtenir de l'aide ou les personnes touchées par la VBG, sans tenir compte de leur sexe, leur orientation sexuelle, leur identité de genre, leur âge, leur origine ethnique, leur religion ou tout autre statut.

Personnes au sexe, à l'orientation sexuelle et à l'identité de genre différents	Terme générique regroupant toutes les personnes dont le sexe, l'orientation sexuelle ou l'identité de genre les placent en dehors du courant dominant, ainsi que les personnes dont l'identité de genre ne correspondent pas au sexe qui leur a été assigné à la naissance.
Prévention	La prévention désigne l'adoption de mesures pour empêcher la VBG d'apparaître (en amplifiant les activités favorisant l'égalité des sexes, en collaborant avec les communautés pour mettre fin aux pratiques qui contribuent à la VBG, etc.)
Prise en charge des cas	La prise en charge des cas de VBG désigne une méthode structurée permettant de venir en aide à un(e) survivant(e). Cette méthode implique une organisation, généralement un acteur des services sociaux ou de soutien psychosocial, qui est responsable d'informer les survivant(e)s de tous les recours qui s'offrent à eux et d'identifier et suivre de manière coordonnée les problèmes auxquels sont confrontés un(e) survivant(e) et sa famille, tout en apportant un soutien émotionnel à la personne concernée tout au long du processus. En raison de sa pertinence et de son usage de longue date dans le soutien des populations vulnérables nécessitant une gamme de services intersectoriels, la prise en charge des cas est devenue une approche couramment utilisée dans les situations humanitaires, qui s'inspire largement du secteur du travail social.
Projets de lutte contre la VBG	Les projets de lutte contre la VBG font référence à un spectre complet de projets visant à lutter contre la VBG. Ils englobent aussi bien des projets spécialisés de lutte contre la VBG, que des projets d'atténuation des risques.
Projets spécialisés de lutte contre la VBG	Ces projets, également appelés projets de lutte contre la VBG ciblés ou autonomes, sont axés sur des interventions globales et techniques pour la prévention de la VBG et des services d'intervention pour les survivant(e)s. Les projets spécialisés peuvent cibler une forme de VBG particulière, telle que la violence sexuelle liée aux conflits, ou combattre les formes multiples de VBG survenant au sein de la population. La prise en charge et la gestion des survivant(e)s de VBG constituent une intervention commune qui répond aux besoins d'un(e) survivant(e) en l'orientant vers des services spécialisés de lutte contre la VBG (services médicaux d'urgence) et des services non spécialisés de lutte contre la VBG (distribution de produits non alimentaires/mise à disposition d'un hébergement), et qui peut également donner accès à des activités de réhabilitation et d'autonomisation, telles que l'autonomisation économique, la réinsertion sociale et les services de soutien émotionnel. Les projets spécialisés de lutte contre la VBG peuvent également inclure des soins et un soutien aux survivants de sexe masculin, qui représente un domaine de compétences spécifique. Un autre exemple de projet spécialisé de lutte contre la VBG est l'aide/assistance juridique apportée aux survivant(e)s de la VBG en vue de

	leur fournir les informations, le soutien et parfois le conseil juridique dont ils ont besoin pour accéder à la justice pénale ou civile. Les interventions de prévention dans les projets spécialisés de lutte contre la VBG vont généralement au-delà des interventions d'atténuation des risques mises en place par tous les secteurs humanitaires et peuvent inclure des approches communautaires pour influencer l'évolution des normes socioculturelles autour du genre, de l'égalité des sexes et de l'utilisation ou de l'abus du pouvoir. Impliquer les communautés dans la transformation des croyances néfastes peut passer par la sensibilisation des hommes et des garçons à l'égalité des sexes, la promotion des interprétations positives de la masculinité, et la promotion de l'autonomisation des femmes au sein de la communauté pour soutenir la prévention de la VBG.
Protection contre l'exploitation et les abus sexuels (PEAS)	Ce terme désigne l'obligation incombant aux acteurs internationaux de l'intervention humanitaire, du développement et du maintien de la paix de notamment prévenir les cas d'exploitation ou d'abus sexuels commis par des membres du personnel des Nations Unies, des ONG ou des organisations intergouvernementales à l'encontre des populations touchées, de mettre en place des mécanismes de signalement confidentiels et de prendre des mesures sûres et éthiques dans les plus brefs délais lorsque de tels incidents se produisent. La PEAS est un aspect important de la prévention de la VBG. Par conséquent, les actions dans ce domaine doivent s'appuyer sur l'expertise et les projets relatifs à cette dernière, notamment pour garantir les droits des survivant(e)s et le respect des autres principes directeurs.
Santé mentale et soutien psychosocial (SMSPS)	Ce terme désigne un soutien visant à protéger ou promouvoir le bien-être psychosocial ou à prévenir ou traiter un trouble mental. Une approche SMSPS est une façon de s'impliquer dans une situation, de l'analyser et d'y répondre, en tenant compte à la fois des aspects psychologiques et des aspects sociaux. Cela peut englober des interventions de soutien dans les secteurs de la santé, de l'éducation, des services communautaires et de la protection, entre autres.
Sexe	Le sexe désigne les caractéristiques physiques et biologiques qui différencient les hommes et les femmes. Le terme fait référence à l'anatomie et aux attributs physiques d'une personne, tels que ses organes reproducteurs internes et externes.
Survivant(e) /Victime	Ce terme désigne une personne ayant subi des violences basées sur le genre. Les termes « survivant(e) » et « victime » sont souvent utilisés indifféremment. Le terme « victime » relève plutôt du vocabulaire juridique et médical, tandis que le terme « survivant(e) » est privilégié dans les domaines du soutien social et psychosocial en raison du concept sous-jacent de résilience qu'il renferme. L'ONG Autel de la Restauration utilise le terme « survivant(e) ».
	Le VBGIMS a été créé pour harmoniser la collecte des données sur la VBG

Système de gestion des informati ons sur la violence basée sur le genre (VBGIMS)	dans les situations humanitaires, pour fournir un système simple aux gestionnaires de projets de lutte contre la VBG et leur permettre de recueillir, stocker et analyser leurs données, et pour permettre le partage sûr et éthique des données relatives aux cas de VBG signalés. L'objectif du VBGIMS est à la fois d'aider les prestataires de services à mieux comprendre les cas de VBG signalés et de permettre aux acteurs de la lutte contre la VBG de partager les données en interne, entre les sites de projets, et en externe, avec les organismes, en vue d'effectuer une analyse plus large des tendances et d'améliorer la coordination de la lutte contre la VBG.
Violence basée sur le genre (VBG)	La violence basée sur le genre, appelée aussi « violence sexiste » ou « violence sexospécifique », est un terme générique décrivant les actes préjudiciables commis contre le gré d'une personne en se fondant sur les différences établies par la société entre les hommes et les femmes (le genre). Sont concernés tous les actes causant un préjudice ou des souffrances physiques, psychologiques ou sexuelles, la menace de tels actes, la contrainte et d'autres privations de liberté, que ce soit dans la sphère publique ou la sphère privée.
Vulnérabilité	Dans un contexte migratoire, la vulnérabilité désigne la capacité limitée à éviter un préjudice, y résister, y faire face ou s'en relever. Cette capacité limitée résulte d'une interaction unique de caractéristiques et de conditions à l'échelle individuelle, du ménage, de la communauté et structurelle. Le concept de vulnérabilité implique une exposition et une sensibilité à une forme de préjudice. Il existe différentes formes de préjudices et le terme est donc utilisé différemment selon les secteurs (p. ex., vulnérabilité à l'insécurité alimentaire, vulnérabilité aux risques naturels, vulnérabilité à la violence et aux abus ou vulnérabilité à la violation des droits). La vulnérabilité est engendrée par le chevauchement et la coexistence de facteurs personnels, sociaux, conjoncturels et structurels. Par exemple, dans les communautés touchées par des crises ou des catastrophes, les personnes ou les groupes peuvent être exposés différemment aux risques naturels ou de négligence, de discrimination, d'abus et d'exploitation, du fait des effets conjugués de nombreux facteurs : leurs caractéristiques sociodémographiques, leurs capacités (y compris leurs connaissances, leurs réseaux, leur accès aux ressources, à l'information et aux alertes précoces), l'endroit où ils se trouvent (site pour personnes déplacées, centre de transit ou à la frontière) et les facteurs provoqués par la crise qui ont une incidence sur leur situation (p. ex., séparation, perte ou absence de ressources et de perspectives, discrimination dans l'accès à l'aide).

ANNEXE II : FORMES/TYPES COURANTS DE VIOLENCE BASÉE SUR LE GENRE

Abandon de conjointe	Bien que ce terme ne soit inclus dans aucune typologie de la VBG inter organisations, il fait référence au fait qu'un mari ou un partenaire abandonne sa/ses femme(s) ou ses enfants dans un pays ou sur un site à la suite d'une migration ou d'un déplacement.
Abus sexuel	Ce terme désigne toute atteinte sexuelle commise avec force, contrainte ou à la faveur d'un rapport inégal, la menace d'une telle atteinte constituant aussi l'abus sexuel.
Abus sexuels sur les enfants	Ce terme est généralement utilisé pour désigner toute activité sexuelle entre un enfant et un membre de sa famille proche (inceste) ou entre un enfant et un adulte ou un enfant plus âgé extérieur au cercle familial. Il implique soit l'usage explicite de la force ou de la contrainte, soit, dans le cas où le/la survivant(e) ne peut pas donner son consentement en raison de son jeune âge, l'usage implicite de la force.
Agression physique	Abus physique n'étant pas de nature sexuelle. Entre autres exemples : coups, gifles, strangulation, coupures, bousculades, brûlures, tirs ou usage d'armes, quelles qu'elles soient, attaques à l'acide ou tout autre acte occasionnant des douleurs, une gêne ou des blessures.
Agression sexuelle	Toute forme de contact sexuel sans consentement ne débouchant pas ou ne reposant pas sur un acte de pénétration. Entre autres exemples : les tentatives de viol, ainsi que les baisers, les caresses et les attouchements non désirés aux parties génitales ou aux fesses. Les MGF/E sont un acte de violence ciblant les organes génitaux et doivent donc être considérées comme une agression sexuelle.
Crimes d'honneur	Le crime commis au nom de « l'honneur » se définit comme un crime violent commis à l'égard des femmes pour « avoir terni le nom et l'honneur de la famille ». Le meurtre « d'honneur » est la forme la plus extrême du crime d'honneur, mais cette

	appellation regroupe d'autres violences, telles que le mariage forcé.
Déni de ressources, de possibilités ou de services	Déni de l'accès légitime à des ressources/actifs économiques ou à des possibilités de subsistance, et à des services éducatifs, sanitaires ou autres services sociaux. On parle de déni de ressources, de possibilités ou de services, par exemple, lorsqu'on empêche une veuve de recevoir un héritage, lorsque les revenus d'une personne sont confisqués de force par son conjoint ou un membre de sa famille, lorsqu'une femme se voit interdire l'usage des moyens de contraception, lorsqu'on empêche une fille d'aller à l'école, etc. La violence économique entre dans cette catégorie. Certains actes de confinement peuvent également en faire partie.
Déni des droits d'héritage foncier et de propriété	Dans de nombreuses régions du monde, les femmes se voient systématiquement refuser leurs droits d'héritage foncier et de propriété sur la base de leur genre ou d'autres facteurs raciaux, culturels, politiques et juridiques. Le manque de pouvoir dans l'accès et le contrôle de ces ressources place les femmes dans une position désavantageuse pour ce qui est de l'accès aux possibilités économiques et de l'indépendance. Certaines femmes se voient notamment refuser leur droit d'hériter des terres ou leur droit de propriété en cas de divorce.
Enlèvement	Ce terme désigne le fait d'éloigner une personne par force ou persuasion frauduleuse. Dans le cadre de l'enlèvement d'un enfant, ce terme désigne le fait d'éloigner ou de retenir l'enfant en violation du droit de garde.
Exploitation et abus sexuels (EAS)	Ce terme désigne des formes particulières de VBG signalées dans des contextes de crise, imputées spécifiquement aux travailleurs humanitaires et aux forces de maintien de la paix.
Exploitation sexuelle	Ce terme désigne le fait d'abuser ou de tenter d'abuser d'un état de vulnérabilité, d'un rapport de force inégal ou de rapports de confiance à des fins sexuelles, y compris mais non exclusivement en vue d'en tirer un avantage pécuniaire, social ou politique. Certaines formes de prostitution forcée ou contrainte peuvent entrer dans cette catégorie.
Grossesse forcée	La grossesse forcée fait référence aux situations dans lesquelles une ou plusieurs femmes est/sont mise(s) enceinte(s) de force dans l'intention de modifier la composition ethnique d'une population ou de commettre d'autres violations graves du droit international.
	Le harcèlement sexuel désigne toute avance sexuelle importune

Harcèlement sexuel	et demande de faveurs sexuelles et tout comportement verbal ou physique de nature sexuelle survenant entre membres du personnel.
Infanticide et avortement sélectif des filles	La sélection en fonction du sexe peut avoir lieu avant qu'une grossesse soit établie, pendant la grossesse au moyen d'une détection prénatale et d'un avortement sélectif, ou après la naissance par infanticide (meurtre d'un enfant) ou négligence. Cette sélection sert parfois à équilibrer les familles, mais elle est beaucoup plus souvent le fait d'une préférence systématique pour les garçons.
Mariage forcé et mariage précoce (ou mariage d'enfants)	Le mariage forcé et le mariage précoce désignent tout mariage contracté sans le libre et plein consentement de l'un ou des deux futurs époux. Le mariage forcé viole plusieurs droits de l'homme universellement reconnus. Le mariage d'enfants désigne un mariage officiel ou une union non officialisée avant l'âge de 18 ans. Bien que certains pays autorisent le mariage avant l'âge de 18 ans, les principes internationaux des droits de l'homme les considèrent tout de même comme des mariages d'enfants, au motif qu'une personne âgée de moins de 18 ans ne peut donner son consentement éclairé. Le mariage précoce constitue donc une forme de mariage forcé, puisqu'une personne mineure n'a pas la capacité juridique de consentir à cette union.
Mutilations génitales féminines/ excision (MGF/E)	Ce terme recouvre toutes les interventions incluant l'ablation partielle ou totale des organes génitaux externes de la femme ou toute autre lésion des organes génitaux féminins qui sont pratiquées pour des raisons non médicales. Les MGF/E sont un acte de violence ciblant les organes génitaux et sont considérés comme une agression sexuelle par le VBGIMS.
Nudité forcée	La nudité forcée désigne une forme de violence sexuelle qui consiste à contraindre une personne à se dévêtir. Ce type de violence est généralement utilisé pour accroître l'humiliation et le sentiment de vulnérabilité du/de la survivant(e).
Pratiques traditionnelles néfastes	Coutumes et traditions culturelles, sociales et religieuses susceptibles de porter atteinte à la santé physique ou mentale d'une personne. Tous les groupes sociaux à travers le monde possèdent leurs propres pratiques et croyances culturelles traditionnelles. Si certaines sont bénéfiques pour tout le monde, d'autres sont néfastes pour un groupe donné, par exemple les femmes. Parmi les exemples de pratiques traditionnelles néfastes figurent les mutilations génitales féminines, le gavage des femmes, les mariages précoces, les différents tabous ou pratiques qui interdisent aux femmes de

	contrôler leur propre fertilité, les tabous nutritionnels et les pratiques traditionnelles en matière d'accouchement, la préférence pour les fils et ses implications pour le statut des filles, l'infanticide féminin, les grossesses précoces et les dots. Au nombre des autres pratiques traditionnelles préjudiciables aux enfants figurent le ligotage, les brûlures, le marquage, les rites d'initiation violents, le gavage, le mariage forcé, les crimes « d'honneur », les violences liées à la dot, l'exorcisme et la sorcellerie.
Préférence pour les fils	« La préférence pour les fils désigne un large éventail de valeurs et d'attitudes qui se manifestent par différentes pratiques, dont le dénominateur commun est une préférence pour les enfants de sexe masculin, souvent associée à la négligence des filles. Cela peut se traduire par un préjudice à leur égard dès la naissance ; cela peut déterminer la qualité et le degré d'attention accordée par les parents, ainsi que leur degré d'investissement dans le développement de leurs filles ; et cela peut entraîner de graves discriminations, en particulier lorsque les ressources sont rares. Bien que la négligence soit la règle, la préférence pour les fils peut, dans les cas les plus extrêmes, conduire à des avortements sélectifs ou à l'infanticide des filles ».
Prostitution forcée	La prostitution forcée ou imposée est une forme de violence sexuelle où un auteur oblige une personne (ou plusieurs personnes) à se donner à des actes de nature sexuelle par la force, la menace ou la contrainte ou en tirant parti de l'incapacité de la personne (ou des personnes) à donner son (leur) consentement éclairé. L'auteur ou un tiers obtient ou s'attend à obtenir un avantage monétaire ou d'une autre nature en échange de ces actes de nature sexuelle ou en lien avec ces derniers. Dans les contextes de conflit, la prostitution forcée est considérée comme un crime contre l'humanité et un crime de guerre par la Cour pénale internationale.
Relations sexuelles forcées	Ce terme est généralement utilisé pour désigner un viol ou une agression sexuelle.
Stérilisation forcée	La stérilisation forcée désigne une forme de violence sexuelle où les survivant(e)s sont contraint(e)s de subir une stérilisation chirurgicale ou une autre forme de stérilisation sans leur consentement libre, entier et éclairé.
	Ce terme désigne « le recrutement, le transport, le transfert, l'hébergement ou l'accueil de personnes, par la menace ou le recours à la force ou à d'autres formes de contrainte, par enlèvement, fraude, tromperie, abus d'autorité ou d'une

236

Traite d'êtres humains	situation de vulnérabilité, ou par l'offre ou l'acceptation de paiements ou d'avantages pour obtenir le consentement d'une personne ayant autorité sur une autre aux fins d'exploitation. L'exploitation comprend, au minimum, l'exploitation de la prostitution d'autrui ou d'autres formes d'exploitation sexuelle, le travail ou les services forcés, l'esclavage ou les pratiques analogues à l'esclavage, la servitude ou le prélèvement d'organes ». La traite d'êtres humains peut avoir lieu à l'intérieur des frontières d'un pays ou revêtir un caractère transnational.
Viol	Acte de pénétration (même légère) non consenti du vagin, de l'anus ou de la bouche par le pénis ou toute autre partie du corps, en faisant usage de la force physique ou de la contrainte. Le terme s'applique également aux pénétrations sexuelles au moyen d'un objet. Le viol englobe le viol conjugal et le viol anal/la sodomie. Tout geste tenté en ce sens est considéré comme une tentative de viol. On parle de viol collectif ou de viol en réunion lorsque celui-ci est commis par deux personnes ou plus.
Violence à l'égard des femmes et des filles	La Déclaration des Nations Unies sur l'élimination de la violence à l'égard des femmes (1993) définit la violence à l'égard des femmes comme « tous actes de violence dirigés contre le sexe féminin, et causant ou pouvant causer aux femmes un préjudice ou des souffrances physiques, sexuelles ou psychologiques, y compris la menace de tels actes, la contrainte ou la privation arbitraire de liberté, que ce soit dans la vie publique ou dans la vie privée » (article premier). La violence à l'égard des femmes s'entend comme englobant, sans y être limitée, les formes de violence énumérées ci-après : a) La violence physique, sexuelle et psychologique exercée au sein de la famille, y compris les coups, les sévices sexuels infligés aux enfants de sexe féminin au foyer, les violences liées à la dot, le viol conjugal, les mutilations génitales et autres pratiques traditionnelles préjudiciables à la femme, la violence non conjugale, et la violence liée à l'exploitation ; b) La violence physique, sexuelle et psychologique exercée au sein de la collectivité, y compris le viol, les sévices sexuels, le harcèlement sexuel et l'intimidation au travail, dans les établissements d'enseignement et ailleurs, le proxénétisme et la prostitution forcée ; c) la violence physique, sexuelle et psychologique perpétrée ou tolérée par l'État, où qu'elle s'exerce. (article 2). L'Étude approfondie de toutes les formes de violence à l'égard des femmes du Secrétaire général (2006) souligne que le terme « femmes » désigne les personnes de sexe féminin de tous âges, y compris les filles âgées de moins de 18 ans.

Violence au sein du couple et violence domestique	Il existe d'importantes distinctions entre ces deux termes, qui sont pourtant parfois utilisés de façon interchangeable. La « violence domestique » désigne les formes de violence exercées au sein d'un foyer ou d'une famille, dans un couple ou entre membres d'une même famille. La « violence au sein du couple » fait spécifiquement référence à la violence exercée dans le cadre d'une relation intime (couple marié ou non, cohabitation ou autre relation intime). Pour l'OMS, le terme désigne « tout comportement qui, dans le cadre d'une relation intime (partenaire ou ex partenaire), cause un préjudice d'ordre physique, sexuel ou psychologique, notamment les actes d'agression physique, les relations sexuelles forcées, la violence psychologique ou émotionnelle et tout autre acte de domination ». Cette forme de violence peut englober le déni de ressources, de possibilités ou de services.
Violence économique	Ce terme désigne une forme de violence en vertu de laquelle l'auteur des faits exerce un contrôle financier sur le/la survivant(e) pour l'empêcher d'accéder à des ressources, de travailler, de disposer librement de ses revenus, de parvenir à l'autosuffisance ou de prendre son indépendance financière.
Violence psychologique ou émotionnelle	Ce terme désigne le fait d'infliger des douleurs ou des blessures mentales ou émotionnelles. Entre autres exemples : menace d'abus physiques ou sexuels, intimidation, humiliation, isolement forcé, exclusion sociale, poursuite, harcèlement moral, attention non souhaitée, remarques, gestes ou écrits de nature sexuelle ou menaçants, destruction de biens précieux, etc. Le harcèlement sexuel entre dans cette catégorie.
Violence sexuelle	Le terme désigne « tout acte sexuel, tentative d'obtenir des faveurs sexuelles, commentaires ou avances de nature sexuelle ou actes de trafic de la sexualité d'une personne, utilisant la coercition, la menace de sévices ou de recours à la force physique, par toute personne, quelle que soit sa relation avec le/la survivant(e), dans tout contexte, y compris mais sans s'y limiter le foyer et le travail ». La violence sexuelle peut prendre de nombreuses formes, y compris le viol, l'esclavage ou la traite sexuelle, la grossesse forcée, la stérilisation forcée, le harcèlement sexuel, l'exploitation et les abus sexuels et l'avortement forcé.
	On entend par violences sexuelles liées aux conflits des incidents isolés ou (aux fins de la liste demandée par la résolution 1960 [2010] du Conseil de sécurité) des incidents systématiques de violence sexuelle, à savoir : viol, esclavage sexuel, prostitution forcée, grossesse forcée, stérilisation forcée

Violence sexuelle liée aux conflits	ou toute autre forme de violence sexuelle de gravité comparable, dont sont victimes des femmes, des hommes, des filles ou des garçons. Ces incidents isolés ou systématiques surviennent dans un contexte de conflit ou après un conflit, ou dans d'autres situations préoccupantes (par exemple, lors de troubles politiques). En outre, ils présentent un lien direct ou indirect avec ledit conflit ou lesdits troubles politiques : lien temporel, géographique ou causal. Outre le caractère international des crimes présumés (qui peuvent, selon les circonstances, constituer des crimes de guerre, des crimes contre l'humanité ou des actes de torture ou de génocide), le lien avec le conflit peut être démontré par le profil et les motivations de l'auteur (des auteurs), le profil de la victime (des victimes), le climat d'impunité/ d'affaiblissement de la capacité de l'État, les dimensions transfrontalières des crimes et/ou le fait qu'ils violent les termes d'un accord de cessez-le-feu. Ce terme peut également désigner la traite d'êtres humains perpétré en situation de conflit dans un but de violence ou d'exploitation sexuelle.

ANNEXE III : FACTEURS FAVORISANT LA VIOLENCE BASÉE SUR LE GENRE

FACTEURS FAVORISANT LA VBG	
Facteurs sociaux	- Absence de participation active et significative des femmes aux postes d'encadrement, aux processus de consolidation de la paix et à la réforme du secteur de la sécurité ; - Poursuite des infractions sexuelles non considérée comme une priorité, attention insuffisante portée à l'amélioration de l'accès aux services de relèvement, manque de prévoyance des conséquences à long terme pour les enfants nés à la suite d'un viol, notamment de leur stigmatisation et de leur exclusion sociale ; - Inaptitude à lutter contre les facteurs qui contribuent à la violence, notamment l'internement prolongé ou la perte des capacités, des moyens de subsistance, de l'indépendance ou des rôles masculins ; - Inégalités économiques, sociales et entre les sexes ; - Frontières poreuses/non surveillées ; méconnaissance des risques de traite d'êtres humains ; - Non-respect des règles de combat et du droit international humanitaire ; - Hyper masculinité, normes et comportements virils violents encouragés et récompensés ; - Stratégies de combat (p. ex., utilisation de la torture ou du viol comme arme de guerre) ; - Absence de mécanismes de sécurité ou d'alerte précoce ; - Impunité (absence de cadre juridique, non pénalisation des formes de violence basée sur le genre, méconnaissance du caractère délictuel ou criminel de différentes formes de violence basée sur le genre, etc.) ; - Exclusion des infractions sexuelles commises lors d'une situation d'urgence humanitaire des projets de réparation et de soutien aux survivant(e)s (y compris pour les enfants nés à l'issue d'un viol)
	- Mauvaises conceptions et infrastructures des

Facteurs communautaires	camps, abris ou installations d'eau, d'assainissement et d'hygiène (WASH) (y compris pour les personnes handicapées, les personnes âgées et les autres groupes à risque) ; - Manque d'accès à l'éducation pour le sexe féminin, en particulier à des études secondaires pour les adolescentes ; - Manque d'espaces sûrs pour les femmes, les filles et les autres groupes à risque ; - Manque de formation, de contrôle et de supervision du personnel humanitaire ; - Manque de possibilités économiques pour les populations touchées, en particulier les femmes, les filles et les autres groupes à risque ; - Effondrement des mécanismes de protection communautaire et absence de protections/sanctions communautaires en matière de violence sexiste ; - Absence de mécanismes de signalement pour les survivant(e)s et les personnes exposées à des risques de violence basée sur le genre, mais aussi en cas d'actes d'exploitation et d'abus sexuels commis par le personnel humanitaire ; - Manque de services multisectoriels dignes de confiance et accessibles pour les victimes (santé, sécurité, assistance juridique/judiciaire, santé mentale et soutien psychologique) ; - Absence/sous représentation du personnel féminin et des personnes au sexe, à l'orientation sexuelle et à l'identité de genre différents dans les projets d'urgence et aux postes clés des prestataires de services (soins de santé, structures de détention, police, justice, etc.) ; - Droits au logement, à la terre et aux biens inadaptés pour les femmes, les filles, les enfants nés à l'issue d'un viol et les autres groupes à risque ; - Présence de soldats démobilisés habitués à la violence ; - Hostilité des communautés d'accueil ; - « Condamnation des survivant(e)s » de la violence basée sur le genre ou attitudes néfastes à leur égard ; - Manque de confidentialité pour les survivant(e)s de la violence basée sur le genre ; - Acceptation de la violence dans la communauté ; - Absence de mécanismes de protection de l'enfance ; - Absence de soutien psychosocial dans le cadre des projets de désarmement, démobilisation et réintégration.

Facteurs individuels ou familiaux	- Manque de produits vitaux/fournitures de base pour les individus et leur famille ou absence d'accès sûr à ces produits/fournitures (nourriture, eau, abri, combustible de cuisson, produits d'hygiène, etc.) ; - Distribution inéquitable des ressources familiales selon les sexes ; - Manque de ressources des adultes pour subvenir aux besoins des enfants et des personnes âgées (ressources économiques, capacité de protection, etc.), en particulier dans les ménages dirigés par des femmes ou des enfants ; - Méconnaissance/manque d'informations quant aux normes de conduite acceptables de la part du personnel humanitaire et à la gratuité de l'aide humanitaire ; - Consommation excessive d'alcool ou de drogues ; - Âge, sexe, niveau d'éducation et handicap ; - Antécédents familiaux de violence ; - Avoir été témoin d'actes de violence basée sur le genre.

ANNEXE IV : ACRONYMES

EAS	Exploitation et abus sexuels
VBG	Violence Basée sur le Genre
WASH	Eau, Assainissement et Hygiène
MGF/E	Mutilation génitale féminine/excision
ONG	Organisation non gouvernementale
PEAS	Protection contre l'exploitation et les abus sexuels
OSC	Organisation de la Société Civile
PTA	Plan de travail annuel
PNUD	Programme des Nations Unies pour le Développement
FNUAP	Fonds des Nations Unies pour la Population
VIH/SIDA	Virus de l'immunodéficience humaine /Syndrome d'immunodéficience acquise
UNDAF	Plan Cadre des Nations Unies pour l'Assistance au Développement
CPI	Cour Pénale Internationale
CISM	Centre Intégré de services

	multisectoriel
NTIC	Nouvelles technologies de l'information et de la communication
OSC	Organisation de la Société Civile
ONU	Organisation des Nations Unies
VSBG	Violence Sexuelle Basée sur le Genre
SMSPS	Santé mentale et soutien psychosocial
GBVIMS	Système de gestion des informations sur la violence basée sur le genre
OING	Organisation Internationales Non-gouvernementales
UNICEF	Fonds des Nations Unies pour l'enfance

Printed in Great Britain
by Amazon

31126570R00139